新形势下旅游业发展研究

李丽娟　李山勇　著

中国社会科学出版社

图书在版编目（CIP）数据

新形势下旅游业发展研究/李丽娟，李山勇著．—北京：中国社会科学出版社，2019．3

ISBN 978－7－5203－4140－0

Ⅰ．①新…　Ⅱ．①李…　②李…　Ⅲ．①旅游业发展—研究—中国　Ⅳ．①F592．3

中国版本图书馆 CIP 数据核字（2019）第 038598 号

出 版 人　赵剑英
责任编辑　刘晓红
责任校对　夏慧萍
责任印制　戴　宽

出　　版　中国社会科学出版社
社　　址　北京鼓楼西大街甲 158 号
邮　　编　100720
网　　址　http：//www．csspw．cn
发 行 部　010－84083685
门 市 部　010－84029450
经　　销　新华书店及其他书店

印刷装订　北京君升印刷有限公司
版　　次　2019 年 3 月第 1 版
印　　次　2019 年 3 月第 1 次印刷

开　　本　710×1000　1/16
印　　张　8．75
插　　页　2
字　　数　106 千字
定　　价　38．00 元

前　言

随着党的十九大精神的贯彻实施和《中华人民共和国旅游法》及《关于促进旅游业改革发展的若干意见》的出台，在国家新型城镇化阶段和“一带一路”倡议背景下，旅游业迎来了新的发展机遇，认识我国第三产业旅游业等的发展现状及其未来发展趋势，对其发展战略的选择以及相关政策措施的制定至关重要。

本书针对当前产业结构变迁中存在的问题进行研究，主要依托资源学、人口学、教育学、心理学、公共管理学、区域管理与区域经济等理论，系统论述新形势下新型城镇化背景下中国区域治理中的产业结构升级、旅游业发展、女性人力资本培养、全域旅游示范市建设等现实和重大问题。借鉴国际经验、基于中国现实，构建了新形势下旅游业发展体系，提出了具有前瞻性、针对性和可操作性的解决方案，以期推动区域善治，实现人口、资源、环境与经济社会的协调可持续发展。焦作市被国家旅游局批准为第二批国家全域旅游示范区创建单位，随着党的十九大精神的贯彻实施，在国家新型城镇化阶段和“一带一路”倡议背景下，旅游业迎来了新的发展机遇，通过对国家旅游局发布的《全域旅游示范区创建工作导则》和《国家全域旅游示范区认定标准》的反复研读，对焦作市全域旅游示范市创建工作进行了梳理思考，对其发展战略的选择以及相关政策措施的制定至关重要，主要围绕焦作市全域旅游示范市建设所涉及的旅游资源禀赋、开发利用、旅游体制、旅游产业发展演变、旅游产业结构等内容展开研究，选取焦作市全域旅游示范市建设作为研究对象的载体，运用理论分析法、实证分析法、演绎分析法和比较分析法等研究方法，以焦作市全域旅游示范市建设中的政府行为作为切入点，通过对政府在全域旅游示范市发展过程中的行为进行梳理、剖析和总结，透视政府的导向作用和不同角色，探索政府行为如何实现高效率运行的动态机制，探索政府与市场均实现高效的作用机制的可能性和普遍意义，具有很好的参考价值和现实意义，本书可供资源学、人口学、地理学，管理学和区域经济学等领域的研究者以及政府相关部门的管理者参考。

目　录

上　篇

绪　论 …………………………………………………………… 3

第一章　新型城镇化特征 ……………………………………………… 5

第一节　新型城镇化内涵与目标内容 ………………………… 5

第二节　新型城镇化动力机制与规划策略 …………………… 7

第二章　新型城镇化与产业结构变迁 ……………………………… 11

第一节　新型城镇化对产业结构升级的推动作用 ………… 11

第二节　产业结构升级对新型城镇化的拉动作用 ………… 12

第三节　新型城镇化与产业结构的匹配协同 ……………… 12

第三章　产业升级与劳动力就业 …………………………………… 16

第一节　产出水平增长对劳动力就业的影响 ……………… 17

第二节　产业结构变动对劳动力就业的影响 ……………… 18

第三节　产业价值链升级对劳动力就业的影响 …………… 20

第四章　产业升级和劳动力匹配 …………………………………… 22

第一节　持续发展现代农业 …………………………………… 22
第二节　大力创建新型工业 …………………………………… 25
第三节　加快发展现代服务业 ………………………………… 28

第五章　新型城镇化背景下的女性职场能力培养 ……………… 30

第一节　政府引导女性教育 …………………………………… 31
第二节　女性品格特征素养 …………………………………… 35

第六章　新形势下旅游业发展 ………………………………………… 38

第一节　新形势下旅游业发展影响因素 ……………………… 38
第二节　新形势下旅游业发展动力机制 ……………………… 40

第七章　新形势下旅游业发展优化路径研究 ……………………… 43

第一节　新形势下旅游业理念创新 …………………………… 43
第二节　新形势下旅游业文化品牌创立 ……………………… 45
第三节　新形势下旅游规划 …………………………………… 47
第四节　新形势下旅游业制度创新 …………………………… 50

第八章　新形势下旅游业发展展望 …………………………………… 54

第一节　生态旅游发展 ………………………………………… 54
第二节　扶贫旅游发展 ………………………………………… 56
第三节　商务旅游发展 ………………………………………… 59
第四节　工业旅游发展 ………………………………………… 62

下　篇

绪　论 …………………………………………………………………… 67

第九章　基于结构方程模型的全域旅游示范市建设研究 ……… 74

第一节　全域旅游示范市建设结构方程模型概述 ……… 74
第二节　全域旅游示范市建设模型的建立 ……………… 75
第三节　全域旅游示范市建设结果分析 ………………… 80
第四节　全域旅游示范市建设结论 ……………………… 82

第十章　焦作市乡村互联网经济发展概况 …………………… 83

第一节　乡村互联网经济实证研究 ……………………… 84
第二节　农村网购驱动因素 ……………………………… 85
第三节　乡村互联网经济结论与展望 …………………… 94

第十一章　焦作可持续发展研究 ……………………………… 96

第一节　焦作可持续发展出现的问题 …………………… 96
第二节　资源型城市可持续发展的优化路径 …………… 97

第十二章　创新全域旅游示范市供给侧改革 ……………… 103

第一节　学习深圳杭州创新原因 ……………………… 103
第二节　学习深圳杭州创新模式 ……………………… 104
第三节　焦作创新全域旅游示范市供给侧改革 ……… 106

第十三章　焦作创建全域旅游示范市优化路径 …………………… 113

第一节　优化景区收入结构 ………………………………………… 114

第二节　生产好的产品和服务 ……………………………………… 115

第三节　优化政府主导战略 ………………………………………… 118

第十四章　焦作市未来城市品牌展望 ………………………………… 121

第一节　太极文化是中华文化的瑰宝 ……………………………… 121

第二节　市场经济下对太极文化的升级太极产业 ………………… 122

第三节　太极产业是促进太极文化全面提升的有效途径 ………… 124

参考文献 ………………………………………………………………… 127

上　篇

绪　论

党的十九大报告指出，我国社会的主要矛盾已经转化为人民日益增长的美好生活需要和不平衡不充分的发展之间的矛盾。强调缩小居民收入差距实现区域间和谐发展的重要性，对精准扶贫、生态文明建设等问题甚是关注。解决这些问题，旅游业可发挥重要作用，旅游发展的扶贫作用已经获得广泛认同，国务院扶贫办和国家旅游局联合提出了通过发展旅游业改善相当部分贫困人口生存状态的发展策略，同时旅游业发展对生态和环境等的苛刻要求将使得通过发展旅游业改善生态和环境状况成为可能。

旅游业已转化为多功能产业，既是关乎居民生活质量的幸福产业，又是带动地区发展的民生产业，也是树立我国形象的重要窗口。旅游产业是一个复杂的综合体，包含旅游主体、旅游客体以及旅游通道系统，且每个方面又融合了具有不同功能的多种要素，因此，新形势下旅游业将发挥多元功能，包含了使旅游者感兴趣的核心吸引物，让旅游者意欲前往，目的地的综合环境至关重要，如整洁干净的街面和友好亲切的人文氛围。旅游产业的综合性决定了旅游服务人员的多功能性，通识型旅游人才和旅游专业人才两个队伍相互作用影响着有关旅游发展的意识形态。旅游专业人才直接参与组织旅游相关活动，是旅游产业存在和发展的必备人力资本，但若没有通识型旅游人才塑造的大环境，旅游业难以发展，整洁干净离不开辛勤劳作的环卫工人，也离不开这些地区发展的决策者、建筑者以及管理者。友好亲切的人文氛围可能只是当地居民良好传统文化的自然体现，却更多体现了管理者的善治才能。因此，立足旅游发展全局，旅游人才不应该只局限于专门服务于旅游业的那一群人，大致包括旅游产业规划人才、旅游产业管理人才以及旅游服务的直接提供者等作用于旅游业的核心要素，还包括其他相关劳动者。

时代背景是看待旅游发展的重要一环。为适应旅游产业化发展的需求，高等院校培养了一群外语翻译导游人才和旅游事业管理人才，频繁出现的导游与游客间的纠纷不仅提醒我们要加强导游人员的规范，也是对现有旅游立法以及旅游事件处理的挑战，鉴于旅游业可能带来的巨大收益，一些地区对旅游发展的过度解读已经危及部分弱势群体的发展利益，那么决策者发展观念应如何引导？怎样通过旅游人才培养来改善现状？党的十九大报告相关内容指出旅游业可在乡村振兴、扶贫攻坚、环境保护等方面发挥不可替代的作用。培养适应新形势下旅游发展需求的具有社会责任感的旅游人才和旅游模式是实现旅游多元功能的重要环节，如何更好地服务于我国社会发展，是当前应当正视的问题。

第一章　新型城镇化特征

第一节　新型城镇化内涵与目标内容

在国外，“城市化”通常译作“Urbanization”，中国的村镇建设较多，而且城市仅仅指由国家所建立的县级及县级以上的政府区域，而城镇还囊括了农村地区，对于中国而言该词更多地被译作“城镇化”。在我国，大部分的理论研究者更偏向于“城市化”这一概念，而实践工作者则更赞同“城镇化”这一概念，国家政府发布的文件中也一般为“城镇化”而不是“城市化”。城市化是不断推进城市发展，使乡村向城市变化的建设过程，而城镇化则是具有我国国情的定义。国外许多发达国家在推动城市化进程过程中出现了城乡差距大、农村发展落后、城市贫民窟等现象，仅仅靠发展城市远不够达到实现我国全面小康和构建和谐社会的目标，因而想要达成这一目标就必须要在推动城市发展的同时也大力推进小城镇的发展，以小城镇发展为基础大力推动农村建设，是促进城镇文明与农村文明融合、推动农村人口和非农产业不断向城镇聚集的历史过程，同时也标志着国家现代化水平的提高，是顺应时代发展的必由之路。

新型城镇化的本质及核心是人的城镇化。新型城镇化的基本内涵可以概括为：一是强调城镇化与工业化、信息化、农业现代化协调互动；二是强调人口、经济、资源和环境之间的协调发展；三是构建与区域经济发展和产业布局密切衔接的城市格局；四是实现人的全面发展，建设包容性、和谐式城镇，体现农业转移人口的有序市民化和公共服务的均等化。新型城镇化发展以“以人为本”为发展中心和发展原则，突出人文关怀，分别从社会发展、经济发展、生态文明、城乡一体化、科研创新等着手，努力推动城市与农村的统筹发展。新型城镇化与一直以来理解的城镇化出现了区别，新型城镇化是在原有的基础上，包括生态环境、产业发展、文化生活等各个方面的统筹发展。李克强总理指出新型城镇化要“实现产业结构、就业方式、人居环境、社会保障等一系列由‘乡’到‘城’的重要转变”。新型城镇化的“新”正是表现在不再同以往一样仅仅看中增加城市人口数目、扩大城市规模以及促进第二、第三产业向城镇聚集等存在表面的发展模式，而应该更多地致力于促进农村与城市在资源、资金、技术等方面的城乡协调发展，注重城镇化发展中的生态文明发展，推动城市文明与农村文明的融合，促进城市生活方式以及价值观念向农村生活的渗透，整治农村环境面貌，改良农业生产模式，提高农业生产效率。“实现产业结构、就业结构、空间结构、基层治理的调整以及文化与观念的转型”，推进城市与乡村统筹发展，最后定位到具有中国特色的“新型城镇化”，这种模式既囊括了人口数目增减、城镇规模改变和社会经济结构变化等有形改变，又包含了农村生活状态、三观和精神文化等方面的无形转变，将中国特色的城镇化的独特内容全面展现出来，是一种具有科学发展特性的城镇化发展模式。新型城镇化就是农村转移人口的城镇化，其对象主要包括群体：一是常规进城务工群体。积极的城镇化是农民理性选择与市场发展的双重作用结果。二是城郊农民群体，由于城市建设用地等，其土地或原有住宅地被征收，而导致其不得不城镇化的现象。新型城镇化本质上就是要实现农村转移人口的城镇化和市民化，以农村转移人口为核心，通过政治、经济、文化、社会、生态等多元目标协调推进，实现城乡民众在公共服务获取、社会保障供给，以及其他公民权利均衡分配等目标，以达到幸福生活的状态。

第二节　新型城镇化动力机制与规划策略

国内学者对于新型城镇化的内涵认识尽管侧重点不同，但基本方向是比较一致的，强调“以人的城镇化为根本目标，以新型工业化、信息化为发展动力，以提升城镇化质量和功能为最终目的，提倡科学发展理念”。

产业结构转换是新型城镇化动力。1940 年，克拉克（Colin Clark）出版了《经济进步的条件》一书，他以配第的研究为基础，对 40 多个国家和地区不同时期三次产业的劳动投入产出资料进行了整理和归纳，总结出随着经济发展和人均国民收入水平的提高，劳动力首先由第一产业向第二产业转移，然后再向第三产业转移的演进趋势。借鉴克拉克定理从产业发展与转换的角度看，农业发展是城镇化发展的初始动力，工业化是城镇化进程的根本动力，第三产业是推动城镇化的后续动力。新型城镇化相比传统城镇化，发展动力逐渐由工业化向新型工业化、信息化转变，发展方式由外延扩张向内涵优化扩展。新型工业化、信息化、农业现代化之间的相互影响、协调程度，政府制度、措施对于工业化的影响，外部经济对于乡镇企业的影响等。不同动力之间合力的正与负将决定整个机制对于新型城镇化的作用强度。

新型城镇化的规划策略包括：（1）政府引导策略；（2）产业联动策略；（3）内涵增长策略。随着改革开放，市场经济在我国的地位逐步确立，在取得成效的同时，也带来了一系列的问题，这些问题的克服，必须要发挥政府的主动性和能动性，引导市场有序竞争、引导社会和谐发展、引导经济快速发展，是政府职能适应社会发展的要求。

国家新型城镇化规划（2014—2020）中也明确提出，要使城镇化成为政府引导、科学发展的过程，其特征是既能保证社会发展的独立性与自主性，又能充分发挥政府作为社会总体利益代表而对社会经济生活的协调和控制。在中央政府大方针领导下，地方政府要依据本地区的本地条件，因地制宜，结合自身优势条件，制定合理的方针政策，引导地区跨越式发展，克服传统城镇化的弊端，促进传统城镇化向新型城镇化的转变。旨在促进以产业为载体的各种生产要素在区域空间流通的畅通，加强产业在区域中的关联互动以及在区域中产业分工和协作，增加产业链条，实现区域内外产业协同，最终达到地域间产业发展一体化，优化地域产业结构，推进区域间产业合作的产业联动，也是推进新型城镇化战略的产业发展重要方式之一。

目前，我国正处于国内开放向全球化开放发展的转型阶段，要构建合理的城镇体系空间结构，升级产业结构、优化城镇空间布局、提升城镇功能和质量的新型城镇化空间模式。发展现代服务业，促进旅游开发。大力发展现代物流、金融、会展、教育培训、科技服务等现代服务业，推进农技推广和高科技技术的有效转化，提升商贸、餐饮、住宿等传统服务业，培育发展体育休闲等特色旅游项目开发建设，拓展领域，提升层次，扩大规模，形成品牌。

培育中心镇，中心镇在地理区位上一般处于城市和乡村之间，既是接受乡村人口转移重要集聚地，实现农村城镇化的重要路径，又是承接大中城市扩散效应和辐射效应，是城市产业转移之地，是城乡联系的重要纽带，是实现城乡统筹的重要节点，是城镇体系等级的末端。

第一，要发展特色主导产业，产业是促进城镇发展的动力源，要形成合理的地域分工和协作，激活城镇的内在发展。

第二，完善服务设施建设，中心镇承担着农村腹地的服务体系，是农村腹地的服务中心地。

第三，改善生态环境，加强基础设施建设，形成良好的城镇生态环境和服务环境，有力地吸引人口转移和产业的集聚，推动新型城镇化的进程。

第四，中心镇的功能定位要因地制宜，确定合理的地域分工和规模等级，形成各具特色的中心镇。

空间紧凑开发，提高土地利用效率。避免土地城镇化快于人口城镇化，城市低密度无序蔓延，应以紧凑布局进行城市建设和开发，形成人口居住密度高、功能混用、公交导向为主导，实现土地的高效利用、城市运行网络高效的总体空间布局。

内涵增长是相对于外延增长而言的，传统城镇化进程中高投入、高消耗、高排放的粗放式经营已严重破坏自然环境，近几年雾霾天气在全国范围内的蔓延，对人们最赖以生存的空间质量发出了警告。中国著名经济学家吴敬琏认为：中国经济的出路在于内涵式增长。新型城镇化进程中，如何走出一条发展与环境同步的道路，也正是内涵式增长所需要解决的问题。区域自然禀赋及发展差异性，内涵式增长方式有其地域性特点，加强内涵式增长方式，首先，加大投资，建立绩效评估制度。必须加大投资力度，优化投资发展环境，增强投资对经济的支撑和拉动作用，保持较大的投资规模仍是促进区内经济增长的主要方式。同时，投资规模要与效益挂钩，建立绩效评估制度，避免效率低下、重复建设现象，切实做到投资与高效率相结合。其次，提升大学等科研研究推动力。科学技术是第一生产力，是推动社会经济发展的持续动力。要激励创新主体，保护知识产权，规范科技专利代理机构，吸引优秀人才，营造良好的创新环境、政策环境和服务环境，打造农业产业高科技技术的战略高地，提升高科技技术对经济的拉动作用，实现内涵式增长。

近年来产业转型升级，而经济增速却有所放缓，从而产生了"结构性加速"到"结构性减速"的经济现象。前期中国经济高速发展源于工业化进程中第一产业向第二产业过渡，当产业结构进一步变迁，由第二产业向第三产业升级时必会引起中国经济发展减速。尤其是新常态背景下推动我国的经济发展与新型城镇化，更加重视对内生动力的培养，其中一个关键的内生动力培养就是对人的教育及培训，提升人力资本质量。

加大人力资本投资力度，培养新型城镇化建设人才是构建国家、社会、企业、个人的多元化投资体系，促进对教育、培训、卫生等人力资本投资。人力资本是促进新型城镇化发展作用最大的影响因素，因此，加大对各级人力资本的投资力度，为促进新型城镇化发展准备充足的动力源。当然，投资主体不能由单一的个人、社会或者政府来承担，应该促成国家、社会和个人共同促进教育发展的多元化投资格局。依据木桶原理，综合素质偏低的农村人力资本极有可能成为制约新型城镇化发展的关键短板，必须采取有力措施使这块短板尽快拉长，尤其是对女性人口的教育和发展。

第二章　新型城镇化与产业结构变迁

第一节　新型城镇化对产业结构升级的推动作用

2015 年中国经济增长率为 6.9%，为近 25 年来最低增速，经济新常态下的经济发展速度由高速增长向中高速增长转变。廉价的农村劳动力是中国经济迅速崛起的重要动力，但是这种廉价劳动力供给不会无限延续。伴随着产业结构不断升级，劳动力由第二产业向第三产业转移，而不同产业间劳动生产率存在一定程度的差异导致中国经济增速放缓。产业发展与新型城镇化发展相互依存。产业是新型城镇化发展的支撑，而新型城镇化的发展又加速了产业集聚，因此，推进新型城镇化发展，将产业城镇协同作为经济发展的一种新模式，对于新常态经济下提高生产率，提升经济发展的质量与速度具有重要意义。

新型城镇化对产业结构升级的推动作用。Michael 等（2012）研究发现现代城镇化推动了技术创新，促进了新兴产业的集聚，进一步推动了产业结构升级。黄亚捷（2015）研究发现城镇化推动了中国产业结构的升级，但是产业结构的升级效应存在区域差异，东部地区的升级效应相对中西部明显较低。Bertinelli 和 Black（2004）研究发现城镇化促进了经济水平提升即生产力的提升，而生产力提升的根源就在于城镇化的人力资本积累效应。新型城镇化对发展中国家经济水平的提升作用更为显著。

第二节 产业结构升级对新型城镇化的拉动作用

产业结构升级对城镇化的拉动作用。从集聚经济视角研究发现产业结构由低级形态向高级形态变迁过程中会拉动城镇化水平的提升。Avey（2012）、Hofmann（2013）等的研究也认为产业结构变迁，特别是工业化发展对于城镇化的发展具有重要的拉动作用。温涛和王汉杰（2015）研究发现产业结构变迁对于中国总体城镇化发展存在拉动作用，但是影响效应存在区域性差异，西部地区产业结构的拉动作用相比东部、中部地区明显不足。

第三节 新型城镇化与产业结构的匹配协同

城镇化与产业结构之间的匹配研究有柯善咨和赵曜等（2014）对中国城镇化与产业结构匹配进行研究，认为产业结构发展应与城镇规模相匹配，对于大、中、小城镇，其产业发展重点应有所区别。而新型城镇化作为现代发展必由之路，又与产业发展密不可分。新型城镇化所产生的选择效应加速城镇新兴产业集聚，促进产业结构变迁。而产业结构变迁又推动新型城镇化的变革性发展，由此可见，新型城镇化与产业结构变迁之间存在复杂关系，发现他们的协同效应对于经济的可持续发展具有一定的理论价值和现实意义。

产业结构转型升级仍为中国经济增长的内在动力，产业结构变迁的经济增长效应仍存在，即产业结构变迁与经济增长之间存在正相关关系，发挥新型城镇化与产业结构变迁的匹配协同效应，促进中国经济增长具有正向效应。

产业结构和城镇发展处于不匹配状态会抑制新型城镇化的经济增长效应的发挥。匹配协同效应在一定程度上缓解了中国经济结构性减速问题，实现高新产业集聚，提升集聚经济效应。

新型城镇化促进了经济发展理念的变革，对原有粗放型的产业的淘汰与转型具有重要推动作用，同时又促进了高新技术产业的集聚，提高当地的高新技术产业的发展水平，高新技术越高，经济竞争力越强，市场潜力越大，经济越稳定。发挥新型城镇化与产业结构变迁的推拉效应加速融合发展，不失为一条破除发展困境的捷径。同时辅以一系列产业结构升级优惠政策，吸引优质企业入驻当地，实现解决农民就业、提升产业结构和推动新型城镇化进程。中央政府应从全局角度对以城市群建设为落脚点，按照新型城镇化的要求，通过宏观规划引导地方政府进一步提升城市质量，并以其为载体，强化匹配协同效应。

不同类型人力资本的测度。基于受教育程度不同，将人力资本分为一般型人力资本、技能型人力资本、创新型人力资本。一般型人力资本用受教育程度为小学的就业人员比重表示、技能型人力资本用受教育程度为初中和高中的就业人员比重之和表示，创新型人力资本用受教育程度为大专及以上的就业人员比重表示。人力资本投资除了教育投资，其他的投资方式也极为重要，如工作培训、健康、迁徙等，保持健康的身体，从干中学，才能保持自身的竞争优势，提高组织效率，从而促进产业结构的升级。

改革产业政策，建立合理的产业梯度转移机制，拓展产业发展空间，夯实制造业基础，增强第三产业间的平衡性与协调性。改革产业政策，注重区域产业发展优势。当前我国在产业结构升级进程中，若过度依赖政府投资难免会遏制企业创新活力和产生盲目扩张冲动，可着力于产业政策在供给结构方面的改革，在保持区域优势产业发展的基础上，跟上国内产业结构演变的趋势。如“杭州模式”依托于杭州区域发展特色，成效显著，值得参考。近年来，杭州制定“两港五区”的战略部署，大力发展文化创意、金融服务、电子商务等战略性新兴产业和现代服务业。在面临人力成本、资源、环境等压力时，杭州提出“发展信息经济、推进智慧应用”的专项工程，加快工业化与信息化的深度融合，其中云计算、大数据、互联网等迅速发展，以信息科技为动力，大力拓宽了企业业务，提高了企业资源使用率，使得增长与转型、生产与生态和谐共生。但现阶段，某些地区过度青睐金融业等第三产业的发展，导致出现产业结构脱实就虚现象，并不利于产业结构升级。不同形式的劳动力市场分割严重破坏了市场资源配置的有效性，差异化的运作形式与分配方式极大影响了人力资本在产业结构升级进程中的效能发挥。

为建立竞争有序、开放统一的劳动力市场，我国应逐步完善现有的不健全的规则与制度，首先，在劳动力资源配置方面，市场应保持各地区、各行业、各部门间合理的工资差距，破除机关单位等的隐形福利，加大现有工资收入的调节力度。其次，取消各种保护性的就业政策，建立面向市场的竞争性人才聘用制度，创造公开、平等的就业环境。最后，积极推动城镇化建设，加强经济落后地区的基础设施、公共服务建设，改革社会福利保障制度，缩小区域间差异，增强流动性与公平性。

第三章　产业升级与劳动力就业

产业升级是产业整体发展水平提高、产业结构高级化和产业价值链效率化的过程。因此其包含三个层次：

第一层次，产业整体发展水平的提高。包含产业规模的扩大和产值数额的增加，主要表现为产业总产值的增加。

第二层次，产业结构的高级化。包含产业结构由低级部门向高级部门的过渡，主要表现为：①产业间的第一产业向第二、第三产业的顺次演进，三次产业比重由“一、二、三”逐步向“二、三、一”至“三、二、一”方向演进；②农业部门内部由传统农业向现代农业的转变、由分散化经营向产业化发展方向转变；③工业部门内部由轻工业向重工业的转变、由劳动密集型制造业向资本和技术密集型制造业的转变；④服务业部门内部沿着“传统服务业—多元化服务业—现代服务业—信息产业—知识型产业”方向演进。

第三层次，产业素质的效率化。包含依托技术要素禀赋，产业价值创造能力显著提升，在全球价值链中由低端环节向高端环节延伸转移，并带来劳动生产率、技术效率的增加。

第一节　产出水平增长对劳动力就业的影响

马克思将社会总生产划分为物质生产和非物质生产两个部门，其中物质生产部门包括生产资料和消费资料两大部类。中华人民共和国成立初期将产业部门划分为农业、轻工业、重工业三类，这种分类方法主要源于苏联，在特殊的时代背景下，服务业被排除在统计之外。目前，得到国际普遍认可的是“三次产业分类”法，三次产业分类法最早由英国经济学家费希尔创立，后由英国经济学家克拉克完善和发展。费希尔将直接从自然界获取产品的物质生活部门划分为第一次产业，包括种植业、畜牧业、渔业、狩猎业和林业；将对自然界物质加工生产的部门划为第二次产业，包括制造业、采掘业和矿业等行业；将第一、第二产业物质生产活动所衍生出来的非物质生产部门划为第三次产业，包括运输业、仓储业、商业贸易、通信业、金融业、房地产业、旅游业、餐饮业、文教娱乐等行业。联合国为了统一各国国民经济统计口径颁布了《全部经济活动国际标准产业分类索引》。

英国经济学家威廉·配第首先提出了产业间的相对收入差异会促使劳动力从低收入产业向高收入产业转移，比较直观地揭示了劳动力在产业间的分布和转移的趋势。随后，英国经济学家科林·克拉克通过对二十几个国家总产出和各部门劳动力投入的时间序列分析提出了劳动力在三次产业间移动的一般规律，即第一产业劳动力比重不断减小，第二产业和第三产业比重将顺次不断增加的配第—克拉克定理。

需求因素和效率因素共同决定了劳动力在三次产业间的转移。

在需求方面，人均收入的增加，使得农产品相对需求一直在下降，而制造业产品的相对需求首先上升后呈下降趋势，最终让位于服务业。在效率方面，农业劳动生产率缓慢提升，而制造业的劳动生产率则快速增长。在需求下降和生产率提高的共同作用下，农业部门劳动力比重在逐渐降低；制造业部门劳动生产率上升速度比相对需求上升速度更快，从而制造业部门劳动力比重逐渐下降；服务业需求增长速度要远远快于劳动生产率的增长，因此服务业部门的劳动力比重将不断上升。

第二节　产业结构变动对劳动力就业的影响

根据配第—克拉克定理，人们可以对三次产业劳动力需求趋势进行预测，以便制定相应的劳动力就业政策。配第—克拉克定理仅以单一的劳动力指标作为研究对象，无法揭示产业结构变动的总体趋势和发展规律，也不能提示出劳动力就业与产业变动的偏离情况。

库兹涅茨对产业结构演变的规律进一步探讨，并解释了产业间在经济发展中是如何产生相对收入差异的。库兹涅茨把第一、第二、第三次产业称为农业部门、工业部门和服务部门，并将劳动力在产业间的分布结构及演变路径，归纳为农业部门劳动力比重不断下降、工业部门劳动力比重大体不变或略有上升、服务部门劳动力比重不断上升，即为库兹涅茨法则。霍夫曼首先将工业部门分为消费资料工业、资本资料工业和其他工业三类，其次通过计算消费资料工业净产值/资本资料工业净产值比例来划分工业化阶段。霍夫曼认为，在工业化进程中，工业重心将逐步从消费资料工业占主导转变为资本资料工业占主导。

钱纳里和赛尔奎因提出了经济发展不同阶段的经济结构标准数值，从劳动力转移与经济发展水平之间的数量关系角度，为发展中国家提供了参考。其中农业劳动力所占比重逐步下降，工业占全部劳动力的份额变动缓慢，而服务业则吸收农业转移出来的大量劳动力。同时认为发展中国家在工业化过程中，通过采取恰当产业政策使工业化及伴随而来的产业结构变化发挥最大可能的就业促进效应。

刘易斯建立二元经济及农村劳动力转移模型，即从剩余劳动力转移的角度对劳动力在地区间和产业间的流动问题进行了深入的研究。刘易斯的二元经济模型在于强调发展中国家传统经济与现代经济的结构差异，比较接近发展中国家实际，同时把劳动力市场变化与产业结构变动、经济发展有机地结合起来，突出了剩余劳动力转移对整个经济发展的重要作用，对发展中国家制定经济发展战略具有重要的参考意义。

此后，刘易斯、费景汉、拉尼斯等人的研究开创性地揭示了经济发展过程中劳动力转移的影响机理，对解释在产业结构调整的过程中工资的变化、劳动力生产率的变化，以及劳动力产业间的就业转移提供重要的指导意义。该模型也存在着一定的缺陷。首先，忽略了现代部门的城镇所存在的失业情况。其次，认为农村剩余劳动力能不断向城市转移，除工资拉动因素外，还需要农村劳动力的边际生产率为零，而实际中农村劳动力的边际生产力是大于零的，特别是在农忙季节尤其如此。最后，部门对剩余利润的分配是全部用于再生产的，如果不断增长的利润不是用于资本积累，而是用于奢侈性消费或转移到国外，那么不但一元化的经济发展不能实现，甚至出现畸形消费和生产结构。

第三节 产业价值链升级对劳动力就业的影响

美国学者迈克尔波特提出价值链概念他将企业的经营划分为基本活动（生产、销售、运输和售后服务等）和支持性活动（采购、人事、财务和研发等），二者共同构成了企业的价值链。从企业战略的角度，若要保持竞争优势，企业必须在价值链某些特定的环节上具有竞争优势。企业可以根据竞争优势来决定在价值链上某个环节和技术层面上进行经营，在价值增值的驱使下产业价值链将会在不同国家和地区间的空间配置并相互合作。随着价值链理论研究的不断深入，价值链条的“片段化”和空间配置引起了克鲁格曼探讨企业各个价值环节在地理空间的配置能力，从而形成了经济学的一个新的分支——新经济地理学。在产权分离的基础上，价值创造的各个环节可以有许多企业分工合作完成，内部垂直一体化生产的跨国公司和外部委托加工或外包的外国直接投资成为两种首要选择，并迅速成为国际商业活动的主要模式。

随着全球一体化程度的不断加深，发达国家将非核心的生产和服务等经营业务外包给发展中国家，以利用其廉价劳动力降低成本，从而获得更为可观的收益；发展中国家则有机会参与到全球化价值创造过程中，尽管这一参与过程都是从低附加值环节的价值链最底端开始的。格里芬提出全球商品链理论。已经初步地揭示出全球生产体系的重大转变，后来更多学者在此基础上进一步研究，形成了较为成熟的全球价值链理论，涵盖了对生产在地理空间的片段化、价值链动力和治理、价值链协调等细化的研究内容。在全球价值链理论中，对产业升级问题的研究尤为值得关注。强调了全球经济一体化中的国际联系对产业升级的影响。产业升级除包含以技术创新为驱动的生产工艺和产品的改进，也包含着在市场中保证竞争优势、适应市场变化的动态内涵。

第四章　产业升级和劳动力匹配

第一节　持续发展现代农业

突破了传统农业仅仅或主要是从事初级农产品原料生产的局限性是现代农业生产经营方式的一个突出特点，实现种养产供销贸工农一体化生产经营，农业产业内涵不断得到拓展和延伸，并最终建立起农工商紧密结合的农业生产经营服务体系，其中第一、第二、第三产业的边界模糊了，或者产业分工被内部化于广义的农业之中了。现代农业扩大包含了两种基本方式，农户家庭内部经营规模的扩大和农户家庭外部经营规模的扩大。对于农户家庭内部经营规模扩大的问题属于典型的成本递增或报酬递减产业耕地的稀缺性问题。但是农业发展的国际经验却表明单位经营规模的扩大和生产趋于集中是世界农业发展中的重要特征。

中国的实际情况是家庭经营是农业中的基本经营形式，家庭经营是中国农业家庭经营的基本特点，并不必然是小农经营，推行以家庭联产承包责任制为核心的农业变革中，由于普遍采用的人均或劳均农地承包分配方法，以致在转向家庭经营的同时中国农业从一开始就形成了以土地分散、均田为特征的小农经营结构。中国农户经营规模总体上趋于缩小而不是扩大，中国小农经营结构有进一步强化的趋势。理论上推进农业规模经营的必要性和现实中强烈的小农经营结构表明中国农业内部经营规模的扩大客观上存在着深刻的障碍。同时，由于土地对于中国农民的特殊意义，现实中农户农地流转的潜在意愿与中国农地流转的实际比例极低的差异表明中国农业内部规模经营所存在的深层障碍，推动农业家庭规模经营对中国农业的发展具有重要的战略意义。

现代农业产业内涵扩展和现代农业产业体系的纵向深化实质是农业和外部相关产业的融合发展，体现了现代农业生产经营市场化、专业化基础上的社会协作性质，这种产业融合的要求和趋势的集中体现就是农业产业化经营，农业产业化经营指明了我国农业发展的基本方向和努力目标。在我国微观农业发展的实践中，农业产业化经营或农业和第二、第三产业的融合发展则表现在具体的、不同农产品的产业链构建上。农业产业链是在产业链概念的基础上产生的。从产业关联的角度，由于在经济活动的过程中，各个产业之间存在着广泛的、复杂的和密切的技术经济联系。农业产业链与制造业的产业链相比更具有产业融合的性质且融合的产业跨度更大。农业产业链的构建和管理过程把第一、第二、第三产业的融合发展体现在不同农产品的产前、产中和产后的所有价值环节和价值系统的联结之中。农业生产经营过程在专业化分工基础上实现与现代工业、现代服务业、现代信息业之间的价值协同创造，并在产业融合过程中获得相对平等的产业利润。传统农业之外的产业部门的支持和服务越来越重要，直至成为现代农业生产经营体系中不可或缺的组成部分。

我国农业发展中较低的产业融合程度原因就是咨询服务部门、农业政策管理服务部门等还没有充分发挥作用。从产业融合的角度，农业产业化经营或农业的外部规模化经营使农业生产与产前、产后环节组成相对稳定的结合。这种结合通过传统农业与第二、第三产业的深度融合而拉长了农业的产业链条，扩大了农业的获利空间，农业的内涵和外延得到扩展，农民从单纯的“生产型”转变为综合的“经营型”。农业外部规模经营或农业产业化经营的一个更为重要的作用，是通过农户之间的联合与合作，客观上可以提高农户的市场地位。从世界各国特别是从发达国家的实践来看，农业和第二、第三产业的融合发展反映和代表着现代农业的发展趋势，已经成为实现农业现代化过程中的普遍现象。发达国家绝大多数的农户通过合作社购买农用物资、销售农产品并获得生产经营过程中所需要的服务。农业外部的相关工业和商业通过合同制经营把相关的资金、技术和市场力量带入农业生产领域，促进了第一、第二、第三产业的融合发展。相关的工业、商业、服务业也在农业生产经营领域找到了稳定的经济增长点。

因此，农业和第二、第三产业的融合发展，是市场经济条件下现实利益驱动的结果，是农业生产力发展到一定程度所要求的农业生产经营社会协作的结果。通过产业化经营，农业突破了单纯依靠自身发展的单一形式，能够在更大的产业空间整合农业发展的资源。由于中国的实际情况，农业家庭内部规模经营的时限将是一个长期的过程。在这种情况下，以生产者的联合或合作为内容的外部规模经营的实现一开始就成为中国农业规模经营的现实选择和推行方式。

市场化条件下农业生产经营的专业化、社会化发展过程就是农业外部规模经营的实现和发展过程。首先，农业以技术进步为基础，当随着农业发展水平的提高和农业生产经营内容的复杂化，单个农户不可能掌握农业生产经营全过程的所有知识和技术。其次，季节性使单个农户无力调节农忙和农闲时段的农业人力和物力配置效率和成本。最后，面临着小生产，大市场的矛盾。因此，随着农业市场化的发展，单个规模农户不可能独立经营农业生产的全部过程，而必须越来越主要地借助和依靠农户外部的资源组织和力量把农业生产经营的一部分甚至大部分环节交给外部的专门人员、机构和部门（农用工业部门、农产品运输、加工、储藏、销售部门、科技咨询）去操作。从理论上讲，规模经营具有适应农业特定的市场结构和增强抗衡市场风险能力的积极意义。农业的发展水平与农业的产业融合程度相关并存在着正的反馈效应。

目前，我国农业发展过程中产业融合的程度较低，农业和现代制造业、现代服务业之间的融合存在着管理体制上的种种阻碍，农业和现代高新技术产业的融合化发展尚缺乏相应的动力和条件，长期的计划经济造成的产业分割、城乡发展的二元体制、中国农业特殊的生产经营体制是其主要原因。近年来，我国农业发展已经进入一个全新的阶段。农业发展呈现出以下两个特征：一是以工促农的阶段；二是我国农业发展已经步入了转型期，集约式的发展在我国农业部门得到了普遍的认同，工业反哺农业成为新型工业化与农业现代化互动战略的理论基础与要求，加快新型工业化与现代农业建设已成为我国经济发展的重点之一。

第二节　大力创建新型工业

从实际国情出发，新型工业化细分为工业市场化、工业信息化、工业国际化、城市化水平等方面。新型工业化是以市场机制的引导为主的，政府宏观调节只是发挥间接作用，新型工业化以可持续发展为基础，以集约经济增长为基础，目标具有二重性，要完成在工业化时代和信息化时代的双重任务，强调城乡工业化协调发展，在对外开放的环境中进行的。新型工业化是工业化的一个新的发展阶段，是工业化发展进入了突出经济增长效益的阶段。是以科技进步为动力，以可持续发展为目的，充分发挥人力资源优势的，实现产业协同和与城镇化良性互动的一个跨越式发展过程。

工业发展经历了机械化时代、电气化时代，数字化时代，进而智能化时代，他们分别以蒸汽机、发电机、计算机、人机高度融合为代表，显示着工业变革日新月异。信息技术、新能源、新材料等重要领域和前沿方向的革命性突破和交叉融合，正在引发新一轮产业变革，并逐渐改变着全球制造业的发展格局，特别是新一代信息技术与制造业的深度融合，必将促进制造模式、生产组织方式和产业形态的深刻变革。国务院印发《中国制造（2025）》，明确提出强化工业基础能力，提高综合集成水平，完善多层次多类型人才培养体系，促进产业转型升级，培育有中国特色的制造文化，实现制造业由大变强的历史跨越。《中国制造（2025）》贯彻落实的两个指导意见分别是《关于深化制造业与互联网融合发展的指导意见》和《积极推进互联网+行动的指导意见》。它们是建设制造强国和网络强国的重要举措，是推进供给侧结构性改革，实现经济提质增效的现实选择。把制造业、“互联网+”和“双创”紧密结合起来。通过创新发展思路、模式、业态，培育产业发展新生态，打造经济发展的新动能。

数字化时代起源于20世纪50年代至今，原子能、航天技术、电子计算机、人工材料、遗传工程等具有高度科技含量的产品和技术得到了日益精进的发展。智能化代表未来的方向，其主要特点是实体物理世界和虚拟网络世界融合。移动互联网、大数据、人工智能引发的科技变革促进了产业的变革，新一代信息技术与制造业深度融合催生了互联网时代的工业变革，打破了传统的工业生态体系。搭建产业联盟平台作为桥梁和纽带，构建基于互联网+的新型工业生态体系。制造业产业链是一个复杂的体系。基于互联网环境下，在复杂的体系与其他产业进行交叉过程中形成新型业务形态。从而形成了产业链交叉业态体系框架，以制造业产业链为核心，在互联网环境下与旅游、教育、文化等交叉产生新业态。以形成研发、制造、销售、管理等过程中的服务一体化。产业联盟是由企业联合国内外高校、科研院所或金融机构等其他组织机构，整合跨区域、跨行业创新资源，按市场经济规则联合组建的新型合作组织。

结合政府产业助推、企业转型升级协助和联盟运营的研究，提出了以制造业为核心，政策引导支撑，基于产业链的衍生配套体系，并发挥产业联盟桥梁作用，实现可持续发展的整体策略及探索新形势下工业领域新型生态环境构建，助推产业结构优化、企业转型升级。全面提升传统工业，大力发展循环经济与高新技术产业，发展清洁能源、新型生态建材、铁矿石加工等新型工业，延伸产业链条，促进产业转型升级。

由市场引导的新型工业化、信息化、农业现代化和新型城镇化需要协调发展，农业的现代化和新型工业化是一种相互补充的关系，农业现代化的发展为新型工业化提供大量合格的农业生产资料和生活资料，从而有力地促进新型工业化的持续快速发展。农业现代化必然导致农民劳动力的剩余，自给自足的小农经济思想已不复存在。随着新型工业化的进步，农村剩余劳动力不断向非农部门转移，这也使得农民的数量在不断地减少，产业结构在不断优化。另外，加快实现农业现代化必须依靠技术的创新和进步，新型工业化道路的核心是通过信息化带动工业化、以工业化促进信息化。同时，强调资金技术密集型与劳动密集型两大产业的协调对于新型工业化的发展具有十分重要的作用。

第三节 加快发展现代服务业

现代服务业是随着经济的不断进步，由服务业发展而形成的。其中既包括传统服务业的升级改造，也包括新兴的服务行业。其特点：技术含量高、人力资本含量高、附加价值高；新技术、新业态、新服务；资源依赖度低、污染排放低。国家现代服务业发展问题研究组对现代服务业进行了分类，将现代服务业分为生产和市场服务类、基础服务类、公共服务类和个人消费服务四大类。按照四大类又细分成金融、批发、物流、电子商务、通信服务、教育、住宿、医疗保健、文化娱乐、餐饮、房地产、旅游、商品零售、公共卫生、医疗以及公益性信息服务等。

20 世纪 90 年代我国开始重视现代服务业的发展，随着经济的发展，我国服务业在吸纳劳动力就业方面的作用日益显著，而在 2000 年之后，我国的现代服务业才开始进入较快的发展阶段且现代服务业增加值在服务业的比重呈增加趋势，然而现代服务业从业人员占服务从业人员的比重较低且呈下降趋势，我国现代服务业就业变动趋势与产业增加值变动趋势相比，现代服务业就业变动滞后于产业变动。现代服务业的行业特征可总结为：高知识性和高技术性；高空间集聚性；高人力资本聚集性和高垄断竞争性四个方面。现代服务业的内部影响因素主要包括：劳动力数量、固定资产投资额与劳动力的工资水平。现代服务业外部影响因素主要包括：对现代服务业要素系统影响因素（城市人口增长率、城市化水平、外资引入、金融业、教育程度、技术水平）、对现代服务业生产率水平影响因素（工业化水平、市场机制、法律环境、教育程度）、公共服务及政府的宏观调控因素（完善市场机制、提高生产效率、提高人们生活水平、增加就业）、对现代服务业需求的影响因素（工业化水平、城市化水平、人口、人均收入）。

城市化是现代服务业形成的重要载体和依托，城市化为现代服务业的形成提供了重要基础，是现代服务业体系形成的前提保障。一定地域范围内的物质、资金和技术等在城市集聚，使其具有大量的就业机会、高的经济收入、良好的社会环境和丰富多彩的物质文化生活条件，表现出巨大吸引力和辐射力，不仅拉动着周围地区的经济发展，而且刺激了农村劳动力大规模流向城市和非农产业，城市化促进现代服务业形成主要表现为近邻效应、规模效应和分工效应。

现代服务业是一个涉及社会、经济、生态等复杂问题的大系统，改革开放以来，对东部地区给予优先发展的政策，使东部地区成为我国经济最发达的地区，也造成了我国经济在区域之间发展的不平衡，东、中、西三大地区在产业结构上呈现出较大的差异，进而导致现代服务业发展的巨大差异。现代服务业系统形成的市场环境和电子环境都很重要。社会系统对现代服务业系统的影响因素包括社会所能提供的劳动力、资本以及技术进步。现代服务业系统能够提供给或影响社会系统的因素包括宏观经济效益、科研技术服务。另外，政府对现代服务业发展的宏观与微观的调控行为包括如何运用经济政策、财政支出等手段促进现代服务业发展。

第五章　新型城镇化背景下的女性职场能力培养

20 世纪 90 年代以来，家庭经济状况对子女教育有越来越大的影响。由于教育体制的市场化改革，学费不断上升等等，这一系列的教育政策变化使得家庭经济状况对人们的教育地位获得的影响越来越显著。家庭背景因素对于女性的教育地位获得的影响明显大于对男性的影响，特别表现在以下几个方面：父母文化程度、父亲职业地位、户口身份、家庭经济收入水平。这意味着，如果一个女性出身于社会经济背景较好的家庭，其家庭资源对她的受教育机会的正面影响要大于同类家庭背景的男性。如果一个女性出身于环境条件较差的家庭，家庭对她的受教育机会的负面影响也要大于男性。女性的受教育机会获得更易于受到家庭背景因素的局限，而男性则更可能冲破家庭背景因素的不利影响。这方面最突出的一个表现是农村女性在大学生中的比例明显低于其他群体，在较高等级的职业群体（如管理人员和专业技术人员）中来自农村家庭的女性比例也较低，进入中高层白领职业则更为困难。农民家庭出身的男性则较少受到这类不利因素的影响。在目前这种情况下，要更为有效地降低中国的教育不平等水平和性别不平等水平，就需要采取相应社会政策，为来自农村家庭、贫困家庭和弱势群体家庭的女性提供更多的受教育机会。

第一节　政府引导女性教育

国家已经在法律上明确规定了女性享有与男性平等的社会和政治权利。它所营造的社会氛围和意识形态无疑为女性走出家庭实现广泛的社会参与提供了意识形态的合法性。法律上规定女性享有的与男性平等的权利如就业权、受教育权、参政权等是否是不打折扣的、名副其实的权利呢？改革开放以来，我国女性受教育水平显著提高，但女性受教育水平无论从哪个层次看都与男性有很大差距，教育层次越高，差距越大。女教师较多地集中在小教、幼教和弱教的战线上，这些战线任务大、条件差、待遇低。中国女校长的比例即使在中小学也不是很高，在大学则更是凤毛麟角了，女性最多成为选配的女书记。这些事实清楚地表明中国女性对教育事业发展的参与很难进入有实权的领导岗位。男性是教育资源的占有者和教育发展决策的实际决定者。

恩格斯指出妇女解放的第一个先决条件是一切女性重新回到公共的劳动中去。女性就业是女性经济独立的重要途径，女性一直在为拥有与男性平等的就业权呐喊、奋争。特别是每当社会经济生活发生变革时，女性就业问题总是非常敏感，女性的就业之路并非想象的那样轻松，仍然面临诸多挑战。

毛泽东指出中国妇女是一种伟大的人力资源，必须发掘这种资源，为了建设一个伟大的社会主义国家而奋斗。国家从政策上积极鼓励女性突破传统的性别分工进入男性为主的劳动领域，动用行政的手段在商业、服务业普遍推行“以女替男”的政策，政府劳动部门在审批企业用工计划时采取“男女搭配”做法，以保证各行业的女性比例。

改革开放后就业机制由计划就业向市场就业转变。女性作为劳动力资源由市场统一配置。城镇女职工改变了过去多数在国有、集体等企事业单位就业的分布，女性劳动力成为私营、外资等新型企业的重要劳动力来源，特别是产业结构的深化调整，女性的就业结构由第一产业占主导地位的单一产业结构向均衡化、合理化的产业结构转变。双向选择、自主择业注重的是公平竞争、等价交换、效益的最大化，这决定了用人单位对劳动力选择的首要标识应该是岗位技能，而非性别等非能力因素。然而，市场经济条件下女性竞争就业过程中面临的问题并不仅是能力问题，决定女性就业成败最重要的因素却还在于其性别身份。

女性就业的广阔前景并未如期而至，却遭受着前所未有的冲击和挤压。用人单位在招聘和使用人才上有了更大的自主权，这同时引发了劳动力市场中普遍存在的对女性就业的性别歧视。女职工面对下岗大潮因为年龄、自身素质、技术等因素无能为力，女大学生是女性群体中具有年纪轻、学历高等优势，按理说就业应该没有什么太大的问题。但实际的情形是女大学生就业难也已成为不争的事实，是女性作为弱势群体受到市场经济冲击、社会地位低下的一个佐证。且因女大学生是受过高等教育的知识阶层女性的代表，就更具有代表性和说服力。用人单位为了拒招、少招女性，提高女性准入条件，由“性别、身体、地域、身份、职业、年龄”等方面的社会歧视引发的男女两性就业机会的不平等随处可见。甚至更高层次的女研究生、女博士生的就业形势也非一片大好，不得不面对一种无奈的性别非对称或就业机会不等式现象。

改革开放以来，我国农村劳动力开始了大规模的非农转移。农村女性和男性一起获得了转入非农产业和进城就业的权利，更多的男性率先从农村中流动出来，而相对多得多的女性滞留在农村，成为事实上农村常住人口的多数。传统的“男耕女织”的性别分工正在向“男工女耕”转变，即农业女性化。城镇建筑业、国家机关政党和社会团体、采掘业、地质勘查和水利管理业、交通运输仓储及邮电通信业、电力煤气及水的生产和供应业、科学研究和综合技术服务业、房地产业等技术层次高、收入高、社会评价高的行业中就业的女性比例却很低。

当前女性参政现状与占人口半数的女性参政的实际潜力相比，其总体水平还是比较低的，且与男性相比，差距还很大。女性参政结构不合理的问题也越来越明显，女性任职正职少、副职多、实职少和虚职多。

目前，我国女干部多集中在教科文卫等传统上认为适合女性的领域，而男性领导则负责经济、政法、金融、能源、外交等资源和权力相对较多的部门。女性角色发展为社会、家庭的双重角色表明自然和历史赋予女性参与社会活动的潜能正逐步被发掘，反映了社会对女性作为人的社会本性的承认，这是历史的必然，也是社会进步的标志。

角色冲突毕竟是当前中国职业女性发展过程中不可忽视的一种现实矛盾，女性因要承担生育、养育和家务劳动的责任而被歧视，从而使女性自进入市场开始就面临不平等。人类社会迈进了文明的门槛，却也牺牲了女性的自由和发展，这是我们必须正视的，也是可以改变乃至消除的。知识经济时代对知识和教育的重视构成了女性教育发展的第一大机遇。在大工业经济发展时期，科学、技术、知识、教育四个要素都是财富之母，但科学与技术这两个要素发挥着最为重要的作用。知识经济时代产业的软性化使女性与男性在生理上的差异变得无足轻重。

所谓产业的软性化，是指产业所包含的知识含量大大增加，从而产业结构在知识含量提高的基础上进一步优化，最终实现产业的知识化。教育是培养人的活动，人是一切社会关系的总和，教育是促进人社会化的活动。促进人的社会化就是使人适应现有的生产力、生产关系并能促进生产力和生产关系的发展。

女性教育的对象是女性，女性教育的目的是要促进女性的社会化，使女性适应并促进现有的生产力与生产关系。知识经济给予女性发展的机遇，为女性能直接和男性一样平等的适应并促进社会生产力与生产关系的发展创造了可能，有关女性教育的理念、方法、途径、内容都要做相应的调整和改革。政府要树立正确的女性教育观。女性教育观包括关于女性教育目的，教育的形式、内容，以及女性性别教育等各方面的认识，是融政治、经济、教育、文化以及女性自身因素为一体的。正确的女性教育观是以正确的女性教育目的论为核心的。对于知识经济时代，妇女的发展就是社会的发展，女性教育是为就业做准备，是为了个人的发展和提高对周围世界的系统理解，女性教育的最终目的是通过女性个体的发展促进社会的发展。同时，政府要以正确的女性教育观为基础改革女性教育，在政府主导的教育体制上，建立女性的终身教育体系。

学校教育仅仅是一个人所受教育的一部分，一个人的一生应该是一个不断受教育的过程。终身教育一直是女性教育中的薄弱环节，因为在家庭和事业的双重压力下，女性往往忽略了入职后的继续教育。在教育内容上，力求课程公平化。课程的公平化要求减少教材中的性别偏见，使男女学生在所学的教材中看到女性的形象。针对男女学生在数理学科的成绩和参与程度的差异，教育和鼓励女生理解数理领域对其生活的重要性，积极支持女生追求数理领域的教育和职业。在课堂教学组织形式与方法上，教育并鼓励教职员工将性别公平化及其意识贯彻其中。教师是课堂教学的组织者，他对学生角色形成的影响极大。我们必须认识到，在我们的课堂上也存在着明显和细微的偏见行为，要求教师禀着性别公平化的意识，并将它贯彻于教学过程。

21 世纪是知识经济时代，知识经济赋予女性教育新的机遇，但机遇与挑战并存，面对机遇与挑战，我们需要改革女性教育。女性教育是开发女性智力资源的最直接、最有效的一种方式。让我们一起来关心女性并且关注女性教育。

第二节　女性品格特征素养

正确地认识自己，最重要的是自知之明，这需要我们始终保持一双灵魂的眼睛来审视自己，把握住内心真正的愿望。认识自己的优势和劣势，自己的与众不同和发展潜力，认识优势并善用它为人生增值；否则拿自己的短处与别人的长处去竞争的人生便会贬值。努力认识自己，实际上是自己不断成长的过程，不光要认清自己的内在素质，还要了解外在因素等。认识自己还需要我们经常仔细地反省自己，不受外界环境的左右。曾子说“吾日三省吾身”，讲的就是依靠经常的自我反省和思考，来了解自己的本性及其变化。每个人的经历和立场不同，给出的意见往往带有其他的动机，所以我们在听取他人意见的时候，一定要进行对自我的分析之后再选择听取他人的意见。

自我是指一个真正的、本身的你，而自我概念则是一个人对自己的看法。心理学家罗杰斯认为人的行为是基于自我概念而定的。是否有一个客观、正确的自我概念就是对自己的人格、信念、思想以及自我认同的总体概念。自我概念对我们的行为和观念具有重大的影响。假若一个人的自我概念是消极的，那么他的思想和行为也是消极的。相反，假若一个人的自我概念是积极的，他就能够对自己产生良好的感觉，也就能够产生积极的行为和观念。当人的情绪处于低落、失意的时候，心理的依赖性也大大增强，受暗示性就比平时更强了。算命先生总喜欢将一些模棱两可、笼统的、一般性的描述套在你身上，让你感觉到他算得真的很“准”，这种心理倾向在心理学上被称为“巴纳姆效应”。而算命先生也常常用“心诚则灵”来给求助者打预防针。易受暗示的人是巴纳姆效应的受害者。避免受骗于巴纳姆效应，就要客观真实地认识自己，相信自己，有自己的判断能力，不要盲目地轻信别人，而且要对自己有信心。

性格体现在一个人对自己、他人和事物的态度上和采取的言行上，当性格在接受他人认可的时候才会在社会交往中得到快乐。歌德说过人人都有惊人的潜力，要相信自己的力量与青春，要不断地告诉自己，万事全依赖自己。正确认识自己的性格，找出自己性格的长处和短处，洞察复杂性格的成因，替换性格中最弱的短板，破译木桶效应，优化性格，把短板变成长处。当然，不能立即改变的时候要学会暂时接受自己的性格缺陷，它是遗传、教育、社会文化等多方面因素综合影响的产物，冷静地分析自己的性格，尽可能扬长避短，修正自己的性格缺陷，更加积极乐观地对待自己。

设定了目的地，人生之旅才会有方向、有进步、有终点、有满足。社会无疑具有强大的同化作用，使得我们许多人都背离了人生的真谛，丧失了真情和本性，但唯有我们自己真正想要的，才能使我们得到满足，放弃了自身的愿望和需要，我们就变得麻木不仁，对任何事都无动于衷。人一旦有梦想、有目标，自然会为了实现它而发挥更大的心力，生活就会更加的精力充沛，此时，人类潜在的脑力也会得到发挥，经常有意识地创造出这样的情势，使人更成功、更丰富且充满乐趣的原则，这就是所谓的目标催化作用。

人生因梦想而伟大，从发现目标到拥有目标，这是一个过程，整个过程并不是一夜之间就可以完成的，确定目标以后就会从手头从事的无谓工作解脱出来，全身心地追求自己所选择的道路，怀着从未体会到的激情、快乐、欢悦、充实和满足地向自己的人生目标不断迈进。成功者都有各自一套明确的目标，都已订出达到目标的计划，并且花费最大的心思和付出、最大的努力来实现目标。

第六章　新形势下旅游业发展

新形势下我国旅游业发展创新的难点在于传统观念束缚、利益樊篱掣肘、企业保守惰性、国有资产流失等方面，只有克服这些困难，我国旅游业发展才能取得良好效果。

第一节　新形势下旅游业发展影响因素

一　加大乡村旅游扶贫力度，确保国民收入稳定增长

新形势下旅游部门、旅游企业必须紧跟中央政策，扩大旅游扶贫范围，并继续对乡村旅游进行更大力度地帮助与扶持。收入水平较低，因此居民不具备旅游消费的能力，也没有很大的消费欲望，这在某种程度上对当地旅游业的发展产生了阻碍作用。长距离旅游需花费较多的时间和费用，要扩大旅游消费市场，主要源头还是努力提高居民的收入水平，进而达到提高居民消费倾向的目的。

政府应将自身主导作用充分发挥好，使城乡医疗体系更加健全，社会保障体系更加完善，使居民都能够保证基本生活。各部门应群策群力，共同推进农村产业结构的调整，并加大农业投入，促使农村居民收入增长。针对低收入人群制定旅游优惠政策，为居民

发放旅游优惠券，或者设计适合低收入人群的短途旅游路线和旅游产品，使低收入群体拥有旅游的机会越来越多。

二 保障旅游业可持续发展，注重产业结构调整

新形势下旅游业的发展可以促进第三产业的繁荣，而旅游业的发展也需要第三产业的增长作为支撑。产业结构调整，适度转变发展方向，大力发展第三产业。根据实际情况，分别采取适合自身特点的促进第三产业快速、高效发展的策略，拓展其服务领域，依靠科技进步来提高经营和管理的现代化水平，以便提供更加优质、便捷的服务，实现高效率和高效益。另外，政府部门在制定第三产业发展规划时，要考虑经济发展间的因果关系，提高产业间的发展效率。政府部门制定规划时，不要只注重短期利益，应努力保障旅游业长期持续发展，旅游发展策略的制定要依产业结构变化而进行适时调整，推进低污染、低能耗、可持续发展型旅游发展模式的形成，从而保障旅游业与第三产业两者协调发展。尤其是制定旅游业发展规划时，要避免策略目标的短视，应注意住宿、餐饮、娱乐等关联行业对旅游业发展的促进作用，以及对第三产业结构布局的调整作用。

三 提高旅游可进入性，加强基础设施建设

便利的交通条件是新形势下旅游业得以长期生存和持续发展的前提，基础设施建设决定着旅游景区的可进入性，在某种程度上对旅游景区的竞争力也有一定影响。决定旅游发展水平的因素不是只有旅游资源一个，交通因素对旅游总收入的影响显著。若旅游景区及其周边的交通建设不完善或是不发达，无论此景区具有多强的吸引力，也会丧失大量游客。首先完善旅游景区周边的交通线路，要

做到基本覆盖。一些较偏僻的自然风景区，可进入性比较弱，更要加强对其交通方面的建设，以缩小区域旅游的内部差异。对于乡村旅游区或休闲度假区等可进入性较弱的景点应设立专门的直达列车，并适当增加交通的流通频率。

四 提升旅游服务水平，重视旅游人才的培育

新形势下的区域旅游业要实现跨越发展，不可忽视旅游人才因素。旅游人才竞争力发挥着不可替代的作用，实现人才供给与需求的平衡，旅游企业可以与高校创建合作互利的就业模式。学校应加强旅游师资队伍的建设，合理培养旅游专业多层次人才。政府对本地区院校旅游专业要加大投入与扶持力度，鼓励教师进行旅游科研项目的研究。要着力提升旅游从业员工的整体综合素质，以提高他们的服务水平。旅游主管部门组织员工到旅游业发展较好的城市进行学习和亲身体验，并借鉴好的服务经验。多方面提升旅游业高级管理人员的综合能力，并组织定期考核、考察，还可以聘请旅游方面专家来进行专业指导。

第二节 新形势下旅游业发展动力机制

一 强制性内在动力

新形势下旅游业发展动力机制分为内在动力和外在动力。内在动力是强制性动力因素，是政府作为创新主体，通过制度、政策和法令的制定和实施而形成的动力机制。旅游业跨越式发展主要表现为以下三个方面。一是组建专门的旅游管理部门，二是大批旅行

社，旅游企业获批成立。三是出台旅游业专门法规。新形势下政府作为推动旅游制度创新的强制性动力因素，其作用机制有以下三个特点：一是强制性，二是快速性，三是成本低。政府依靠国家机器的力量，通过制度变革、法律颁布等实行制度变迁，通过自上而下地进行制度变迁的时间短，变迁速度快，正是因为前两种特点，因此，强制性制度变迁的变迁成本很低。政府依靠国家强制力自上而下地推动的制度变迁也有其弊端，存在受制于执政者的官僚政治、利益集团冲突和社会科学局限等问题。

二　利益吸引外在动力

相较于强制性动力因素，外在动力因素是指个人或者团体作为创新主体，受共同认可和公共利益驱使，自下而上自发地进行或要求制度变革或代替的动力机制。动力主要来自旅行社等旅游企业、行业协会等社会团体、旅行者等个人三类主体的行为，主要是在逐利动机的驱动下，要求和推动旅游制度进行变革，以实现旅游企业的效益最大化。主要表现为以下三个方面：一是要求准入制度的变革，二是要求旅游企业产权制度的变革，三是要求管理体制的变革。行业协会一般是由旅游企业、政府和民间组织等自发组织创立的，用以协调旅游产业发展，完善旅游产业格局的社会组织。通过协调企业行为、组织学习培训、积极建言献策等方式，不断推动旅游制度的完善和变革。旅行者是旅游行业的亲身参加者，也是旅游行业健康有序发展的最终受益者。通过对自身受益和权利的诉求，旅行者积极地推动着旅游行业的制度变革。大多是通过利益诉求，要求和实现制度的变革，可以有效地避免强制性制度变革所具有的盲目性和时滞性。

正是得益于改革开放后，经济等方方面面的改革和创新，为制度创新提供了强大的驱动力，这种改革环境是旅游制度创新的基础。政府主导的制度变革因素，旅游企业、行业协会、旅游者等微观经济主体的积极创新因素，各项经济改革所带来的衍射、带动作用，这些动力因素有机统一、互相促进、相互融合，推动旅游业创新继续向纵深发展。

第七章　新形势下旅游业发展优化路径研究

第一节　新形势下旅游业理念创新

低碳、节能、环保已经成为人们重要的生产和生活理念，加快推行低碳节能环保旅游。新形势下旅游业的发展，必须正确认识和处理好自然旅游资源和人文旅游资源等的开发与保护的相互关系，使资源得以永续利用。要把党的十九大关于生态文明建设和制度改革的要求坚决贯彻于旅游业发展的实践中，积极发展和有序推进低碳节能环保旅游，使旅游业和资源开发、环境保护、生态建设形成良性循环和互动。

全域旅游和乡村旅游的理念创新。在一定区域内，以旅游业为主导和依托，统筹规划整个旅游目的地，通过对各种旅游资源、要素的有机整合，旅游产品的创新，旅游产业的融合升级，旅游服务的全域配套及旅游主体的全面发展来实现全面满足旅游者需求，为旅游者创造一种全过程、全时空、全方位的旅游新体验的是全域旅游。以乡村地区为活动场所，利用乡村独特的自然环境、田园景观、生产经营形态、民俗文化风情、农耕文化、农舍村落等资源，为城市游客提供观光、休闲、体验、健身、娱乐、购物、度假的一种新的旅游经营活动的乡村旅游也算是全域旅游的一个方面。以乡村的自然资源、人文资源和社会资源等旅游资源为基础，以满足旅游者全方位、多层次的旅游需求为目的，提供的具有乡村性的物质产品和服务的总和。

乡村旅游产品创新是在调查和分析乡村旅游市场需求变化的基础上，立足乡村性和文化性，将乡村旅游资源、乡村旅游环境、乡村旅游服务等要素，进行重新组合和运用，设计出具有独特性的旅游产品新模式。这正契合全域旅游全新的资源观、时空观、市场观和服务观等理念，尤其是对乡村居民要素的运用，既是全域旅游理念的重要体现，也是乡村旅游产品的创新途径。比如，根据各乡村不同的特色开发主题型旅游产品，将与该主题相关的各类旅游资源运用到产品设计中，给游客留下深刻的印象。全面整合乡村自然资源、人文资源和社会资源等一切可被利用并能够对旅游者产生吸引力的要素，开发复合交叉型的旅游产品。另外，乡村环境在全域旅游理念下本身就是一种旅游资源，乡村旅游环境的好坏会很大程度上影响旅游者的选择。比如安静优美的自然环境，亲切有情的人际关系，要加大对乡村自然环境和人文环境的保护力度，保护、挖掘乡村旅游中独特的环境要素。同时优化乡村居民的生活环境和社会环境，在不破坏乡村生态环境的基础上，加强基础设施建设，改善住房条件，使乡村在保留优美自然风貌的同时享有干净整齐的人工环境。

全域旅游理念下的乡村居民要素是乡村旅游产品的重要组成部分，强调将旅游目的地居民的交流语言、生活态度、行为方式、文化取向等纳入产品创新设计中，不断开发乡村生活体验型产品。全域旅游视角下的乡村居民参与，是把居民的生活方式等作为产品的一部分，通过游客与居民短时间的“共同生活”，让游客体验当地独特的交流语言、文化取向，一家接待一个旅游者或一个旅游团体。同吃同住同干活，比如参与下地锄草、喂鸡养鸭等农活，参加乡村居民的人情往来活动，全程体验乡村生活的方方面面，使乡村旅游成为鲜活的生活场景。以农业为主的观光游览和农事活动体验型产品具有很强的季节性，乡村旅游活动主要在白天开展，夜间休闲产品较少。开发人文类型的旅游产品，使旅游者感受到乡土文化的魅力，以减轻自然旅游产品类型带来的季节性波动。比如乡村定期都会举办的集市贸易活动，居民通过摆摊来售卖商品，利用乡村夜间独特的自然旅游资源策划一些夜间休闲产品，比如，在夜晚观看星星、捕捉萤火虫、乡村的节庆活动篝火晚会、除夕活动、舞龙舞狮、全家围坐聊天嬉戏等活动。把地域文化、民乡民俗注入旅游活动，使旅游者可以全天候进行旅游活动。同时，要打破地域限制，统筹乡村旅游资源，设计全域范围的旅游产品，打造时时可旅游，处处可旅游的全时空体验型产品。树立全域旅游服务意识，升级乡村旅游服务。

全域旅游理念要求乡村旅游经营者要为旅游者提供全过程、全方位的旅游服务。从根本上转变服务观念，要把自己当成热情好客的主人，把旅游者当成自己的家人和朋友。旅游者参与乡村真实的日常生活活动，接受当地居民真切热情的旅游“服务”，体会到家的温馨和简单和睦的邻里关系，自然会引起情感上强烈的共鸣产生独特的体验，并产生重游的愿望。

第二节 新形势下旅游业文化品牌创立

新形势下旅游业文化品牌是一个整体概念，由各种旅游资源、旅游基础设施、总体景观、人文底蕴、居民好客程度等多种因素共同组成且相互作用而形成。只有具备鲜明、独特的旅游品牌的才能引发大规模的旅游活动。品牌评价来自两个方面：首先是品牌的塑造者（主要包括管理者和居民）对旅游景观开发，旅游基础设施的完善配套以及旅游地文化的建设。其次是旅游者作为旅游品牌的评价主体对品牌的感受知。来自两种形式：一种是品牌营销，通过媒体的宣传媒介，以图、文、声、像形式的传播；另一种是旅游者亲身到旅游目的地的感受。品牌设计的核心应当是解决旅游的基本定位问题，即城市将在旅游者心目中树立并传播怎样的一种品牌，这种品牌如何成为吸引人们前来旅游的动力源泉？

一是提出自己的口号。品牌定位的最终表述，往往以一句主题口号加以概括。如何确定主题口号，需遵循以下基本原则：①必须来源于地方独特性，能体现出独特的个性地域的地理背景。包括地质、地貌、气候、土壤、水文等自然环境特征，也包括当地的历史、社会、经济、文化等人文地理特征，因而是一种综合性的、地域性的自然地理基础、历史文化传统和社会心理积淀的四维时空组合。②表达要针对游客充分了解游客市场的心理需求和偏好。旅游口号要体现旅游的行业特征如强调和平、友谊、交流、欢乐等特点。③旅游品牌的主题口号在表述方面还要反映时代特征，亲近自然、郊野派对、康复养生等都是旅游者追逐的旅游主题，也是建立城市旅游品牌可加利用的时代特征。④旅游口号必须首先能够打动旅游者的心，激发旅游者的旅游欲望，要被旅游者永久而深刻地记忆，要能够广泛迅速地加以传播。要具备广告词的凝练、生动和影响力。旅游品牌的口号创意也要借鉴广告艺术，用浓缩的语言、精辟的文字、绝妙的组合等形式构造一个有吸引魅力的城市旅游品牌。

二是城市旅游品牌的视觉设计与推广。①通过旅游品牌的视觉设计用其推广活动加以完成。视觉设计的基本要素包括图案、色彩和字体。视觉设计的核心是旅游标志，可直接引用城市标志性景观。②电视网络作为强势媒体介入。

第三节 新形势下旅游规划

中国经济经过改革开放的快速发展积累，巨大的旅游市场需求正在加速释放，伴随而来的也有供给与需求的不相匹配。正如党的十九大精神中指出的主要矛盾，一方面，低水平、同质化、粗放式的旅游产品大量存在；另一方面，高品质、个性化、精细化的新产品供给严重不足，呈现结构性过剩与结构性短缺并存的局面，如何推进旅游“供给侧改革”是当下中国旅游业面临的一个重要命题。前瞻性和战略性的顶层设计为旅游规划的发展带来了新的机遇和挑战。今后旅游规划将着眼于新时代的新变化，在中国旅游业供给侧改革和引导市场需求的命题下实现自我的发展与突破。

一 以市场为导向的目的地旅游规划

多年来，伴随着我国旅游业从小到大，旅游规划做出了积极贡献，同时也存在很多问题，面对经济发展新形势下旅游业供需关系的变化，需要认真反思、总结和改进旅游规划工作。旅游规划是对旅游资源优化配置和对旅游系统合理发展的结构性筹划过程，对旅游业发展具有宏观指导和动态调控作用。从“供”的角度来看，旅游业综合性强、关联度高、涉及面广，因此，要从旅游目的地的角度，将旅游规划作为一个整合型、全过程的管理行为，强调整合宏观、微观、硬件、软件，内部、外部等各种因素，在规划过程中，对目的地的基础设施建设、产业结构调整、城镇化、文化繁荣、全域旅游、生态文明等进行全盘考虑、统筹协调，让旅游业完全彻底地融入经济社会发展的大环境中去，在促进旅游规划有效执行的同时，构建大格局，形成各行业、各部门合力推进旅游目的地建设的氛围。从“需”的角度来看，旅游业既具有经济属性，也具有社会属性，因此，旅游规划的编制应该遵循市场规律，必须以市场为导向，以游客需求、以主推产品的客源地需求为主来编制规划。过去，旅游规划的编制以旅游资源为基础和依托，着重旅游资源的评价，最终的规划结论，包括发展方向和战略目标的制定、旅游产品的决策、开发措施的拟定，都主要是以当地旅游资源为基础推演决定的。新形势下，在旅游规划的编制过程中，应将旅游者和潜在旅游者的需求及其变化作为重要因素，强调对客源市场的调查研究，始终从旅游消费的角度、从旅游者需求出发，充分考虑市场需求的变化来打造旅游产品。

二 旅游规划的层次

综合性产业，旅游规划兼具空间规划、产业规划、资源规划、环境规划等多种规划属性，应该具有战略高度、全局性；从落地实施的角度来看，旅游规划还要有针对性、可操作性。因此，要构建由谋划、策划、规划（狭义）、计划组成的旅游规划层次。

不同层次的旅游规划解决不同的问题。上层次的规划为下层次的规划提出强制性框架，并给出指导性意见，并通过下层次规划的编制落实和深化上层次规划的内容和要求，从而使下层次规划成为上层次规划实施的工具和途径。谋划在旅游规划中属于最高的战略层面，是运用系统论的方法，从全局的角度，长远考虑，在最高层次上寻求问题的解决之道。策划围绕市场、顶层设计。旅游策划的主要着力点在于解决旅游业的实际问题，突出对旅游吸引物的深度挖掘、创意与组合等。

规划是一种政府（旅游供给方）行为，是按照国家相关规范标准以及旅游规划的技术和成果要求，对本地区旅游业一定时间内的发展进行总体安排和部署，同时对重点区域的旅游产品、项目、设施和要素建设提出专门要求。规划管理的流程一般是：规划项目招投标—资源调查—规划编写—专家评审，在这种流程下，规划委托方与规划编制团队的沟通较少、不接地气、难以落地，因此，需要改革规划管理，重构规划工作流程，用规划图、设计图和施工图，来定点、定性、定量，在规划工作中要明确编制权、实施权、监督权，甲方、乙方、咨询方、管理方负责按照有关要求组织规划编制、申报规划成果、划拨项目资金。

计划是规划实施和落地的具体指导，分阶段的短期行动计划是旅游规划顺利实施并得以适应不断变化的形势的保证，有助于旅游规划的有效落实，是规划实施的时间表、路线图，更重细节，涉及时间计划、融资计划、具体施工计划等。

对于供给方而言，旅游的核心就是提供旅游产品；对于需求方而言，旅游的核心是满足需求完成一次旅游消费。随着对旅游业认识的深化，新形势下旅游规划应当遵循旅游业规律，构建旅游规划工作体系。建议决策部门从法律法规层面研究旅游规划的层级、流程，提高有效性，保障旅游规划实施。旅游规划应以游客需求为导向，从资源规划转向旅游目的地整合规划，构建一个由旅游城镇规划、旅游交通运输规划、旅游产品规划、旅游公共服务规划、旅游人力资源规划等组成的旅游目的地规划体系。

第四节 新形势下旅游业制度创新

政策环境、法制环境、经济环境和市场环境都是旅游制度创新的重要影响因素，只有加强这些环境的优化，才能有效地推动旅游制度的创新。旅游制度创新是复杂的系统工程，其影响因素也是多方面、多层次的。

政策环境在一定程度上决定着旅游制度创新的规模层次和方向，政策环境好则旅游制度创新就会取得好的成绩。目前，我国旅游制度创新在很大程度上还是以政府主导型模式为主，政府扮演着决定性的、指导性的角色。因此，政府制定和实施的旅游产业政策环境，成为影响旅游制度创新的重要因素，包括旅游业管理体制、交通基础设施平台、旅游市场监管等多个方面，以政策规制和基础设施建设为基础的政策环境，不仅可以为旅游企业提供良好的外部环境，还推动了若干制度创新活动的开展。但政府行为也可以抑制制度创新。

因此，各级政府都应不断研究其合理性，致力于完善旅游产业政策，通过加强旅游制度创新的外部基础设施、制定合理的行业规章制度、协调旅游企业间关联模式、实施有效的监管和创新保护措施等，为旅游制度创新提供良好的外部环境、沟通平台和政策环境。

实施和创新产业项目激励制度，在政策上鼓励旅游产业项目的发展，扶持重大项目建设，重视重点企业与项目招商，从旅游用地、财税办法、奖励额度、优先等级等方面提出激励机制。法制环境完善的法律体系和规章制度，加上严格执行法律法规的气氛是市场经济健康有序运行的保障，也是制度创新的必要条件。

改革开放以来，我国法制环境逐步优化，2013 年《中华人民共和国旅游法》施行，这是我国旅游产业法制化建设的重大成就。但事实上我国在旅游业发展上的法制建设与旅游业发达的国家相比还存在一定的差距，有不健全、不完善的方面，还有执法不严的问题，都需要我们大力加以解决。经济环境是制度创新很重要的一个方面。

旅游制度创新的力度、速度和程度都要在所处经济环境的可承受范围内，不能超出经济环境所能容纳的水平。经济环境本身就是旅游制度创新的动力之一。为满足旅游者多样化、多层次的需要，旅游业必然联系到若干行业，这些行业既可以是工业、农业、商业、建筑业、交通业等物质资料生产部门，也可以是文化、科技、教育、卫生、金融等非物质资料生产部门，都涉及经济环境优劣的问题。经济环境的变革、创新，必然带动旅游制度的变革和创新。旅游制度创新本身就是经济大环境变革的一部分。一个富于变革和创新的经济环境，是旅游制度创新的主要环境变量。

市场环境就是制度创新的动力。没有一个健全、健康、积极发展中的旅游市场环境，空谈旅游制度创新是毫无意义的。两者的关系是相互影响、互相促进的。从影响旅游制度创新的因素角度上考虑，我们分析旅游市场对旅游制度创新的制约和促进作用。

一方面，当旅游市场景气，效益较高时，旅游制度就成为旅游市场时刻想予以突破的樊篱和屏障，市场需要更为宽松、灵活、健全的旅游制度，旅游制度创新就充满活力，变革积极性和主动性较高，创新进程也就比较快。

另一方面，当旅游市场低迷，旅游产业效益亏损的情况下，各主体都将缺乏旅游制度创新的热情。而且旅游制度创新成本的提高，也使得各制度创新主体难以进行深刻的制度变革。

当今，世界旅游市场竞争日趋激烈，要求旅游资源的投资必须依据旅游者的需求，开发适销对路的旅游产品，这就是市场机制和市场原则。尊重市场规律实质上是为旅游制度创新开辟道路，为旅游制度创新进行思想准备，为更深入地旅游制度创新提供可能性。

政府部门是一切制度创新的必备主体，明确旅游业的发展思路、指导思想、工作目标和工作重点，制定鼓励旅游业发展的优惠政策，为旅游业创造广阔的发展空间和优良的发展环境，都需要政府的主导和支持。作为社会中规模最大的非市场组织，自身拥有的强制力和再分配能力，使其在提供制度的服务方面，能够实现规模效益。只有充分发挥政府的主导作用，抓认识、抓规划、抓基础设施建设，制定优先发展旅游业的相关政策，才能为旅游业可持续发展提供良好的环境。

政府成为旅游制度创新的主体，是因其地位性质和其创新手段所共同决定的。政府是旅游经济发展的实际领导者和组织者，是旅游经济发展环境的有力创造者和支持者，理所应当地成为旅游制度创新的主体。政府具有强大的政治强制力，有组织一切资源的领导力，通过制定经济发展规划，宏观调控旅游经济，也可以通过行政强制力，微观干预旅游市场。同时，还可以通过制定旅游法律、法规对旅游经济进行法律框架的构建等。政府都将是旅游制度创新的最主要主体。旅行社是旅游企业的主体之一，也是旅游制度创新的重要主体。旅行社的优势在于，能够增加旅游供给，降低旅行者的费用，使旅游活动更加有序。

旅游制度创新的路径是多元化的，包括管理制度创新、产权制度创新、融资制度创新和经营制度创新等。旅游行政管理部门要着重研究和制定旅游政策、旅游法规和旅游规划等方面；行业协会主要制定行业标准、协调企业行为等；构建起沟通消费者与管理部门的畅通渠道，形成规范的旅游业管理制度，以及独立的自我约束、自我监督机制。运用市场手段开发风景名胜、利用景区资源、建设基础设施、进行投资融资等活动，作为景区资源所有权人的国有机构在行使所有权的同时必须承担相应的责任，履行有关法定义务，严格加强对其监管，在确保风景名胜资源可持续利用和社会公益性的前提下，实现资源效益的最优化和共享化。政府可以通过增发旅游企业债券、增加旅游企业上市公司、制定财政、工商等优惠政策，吸收国外以及国内私人资本，拓展旅游融资途径。

要加快旅游融资制度创新，扩充旅游资源的融资形式。也可以对旅游项目优先贷款，加大对于旅游投入的信贷期限，实行旅游产业基金、开放式旅游基金和股权置换等方式，进行市场融资。旅游资源如风景名胜区等，其所有权代表和经营主体实际上是一家人，主要的经营模式是事业单位性质、企业化经营管理。风景名胜资源基本是无偿使用的，开发利用权只有具有可转让性，才能够通过市场竞争找到最佳的开发者。旅游资源配置制度创新的目标是实现旅游资源配置效率的提升，让旅游资源按照市场的规律流动，我国旅游资源配置效率的制度创新，就是要明确界定旅游产权，即所有权和经营权的主体，建立起多元化的产权安排模式。

加强各级政府对旅游资源配置的监督和管理，对旅游资源流转的过程以及开发方向实行监管，要以旅游资源开发利用规划为基本依据，明确旅游资源开发利用的具体要求和措施。

第八章　新形势下旅游业发展展望

第一节　生态旅游发展

传统大众旅游导致生态环境损害，各国政府、学界和社会人士反思后快速响应生态旅游的提出。国际自然保护联盟特别顾问 Ceballos Lascurain 1983 年正式提出。21 世纪生态旅游已成为整个旅游市场中增长最快的部分。生态旅游传播生态文明思想、可持续发展理念、旅游产品开发创新、旅游社区利益维护等多重角色，促进人与自然和谐发展。因此，国家旅游局将 1999 年、2009 年定为“中国生态环境游年”，2016 年 3 月发布的《中国国民经济和社会发展第十三个五年规划纲要》中更是明确提出要“支持发展生态旅游”。中国学术界对生态旅游研究着眼于生态旅游理论与实践应用相结合的新诉求，从生态旅游的基础理论、资源、市场、开发利用、作用影响、管理与政策等各方面，主要关注点从概念和开发层面转向理论研究与实践运用，如生态旅游影响、生态旅游社区参与、生态旅游环境教育功能等。

为使生态旅游得到可持续发展，需要考虑它应该具备的三个条件，这三个条件各有深意，相辅相成，不可偏废。一是自然保护是前提；二是环境教育是责任；三是社区参与是保障。人类足迹未至的原始自然已十分稀少，对人类具有宝贵的价值；在一定程度上经过人类改造的次生自然，不仅能容纳固有的生物物种，而且作为众多野生生物的生长、迁徙和栖息场所，它对野生生物的生存及物种延续具有与原始自然相似的固有价值。自然已经带有融入社会和物理环境两个方面内容的统合的自然的特征。

环境问题是社会问题，生态旅游在全球范围内的快速发展，尤其是在国家公园、自然保护区的广泛开展，使得环境教育和生态旅游的结合切实可行，也具有一定的现实意义。强调人们在自然环境中，通过参与活动获得实际经验和环境知识，从而影响其态度、转变其观念，最终转变其行为使人与自然和谐相处，实现环境、社会、经济的可持续发展。当地居民对自然资源的依赖程度相当高，他们大多生活在生态旅游活动的中心或边缘地带，靠山吃山，靠水吃水，如果强行制定相关的政策法规来限制当地人使用这些资源，将会引起强烈抵触情绪，这不仅会使生态旅游的开展陷入困境，甚至会导致当地人干扰正常的旅游经营活动。

因此，使当地居民获得最直接的利益才是发展生态旅游的基础和保障。当地居民可以成为这个自然区域最合适的管理者和保护者，这是由于在他们身上有很多优势，如深厚的感情和熟悉实用知识，在接受正规的管理培训之后，通过当地的社会组织有秩序地来完成的。因此，社区参与的必要性也就凸显出来。坚持可持续旅游的原则是生态旅游的基本要义。

随着生态旅游的快速发展，生态较脆弱旅游目的地出现了过度开发、环境污染、生态破坏等一系列问题，并引发了对旅游地生态承载力等问题的极大关注，客观上某个旅游地必然存在容纳或承载旅游活动的最适值或极限值，这就是生态旅游承载力。对任何一种自然资源的利用都存在一定极限的概念，过度利用会造成永远不能再利用的严重后果，由于生态旅游是以最大限度减少对景区生态环境的影响，且同公众教育，促进旅游地社会经济发展有机结合的旅游活动，为此生态旅游承载力应在生态承载力的基础上，结合旅游活动层面的影响因素来加以确定。在实践应用方面重点是在旅游地的规划、开发以及管理中，采用生态旅游承载力的研究结论指导旅游地并找到限制其旅游环境承载能力的影响因素，从而达到调控以及提高旅游区的整体承载能力的目的。

整体上看，影响生态旅游承载力的主要因素有用地类型、用地状况、旅游服务设施、管理水平及游客的类型等。生态旅游承载力的大小不是其简单的四类因子之和，而应该遵循短板理论，即生态旅游承载力是一个综合性概念，衡量评判时需以四类承载力：资源空间、生态环境、社会经济及社会心理承载力中的最小值为依据来确定其值，也就是承载力的大小主要取决于表现不佳状态的承载分量或限制因子。

第二节　扶贫旅游发展

贫困问题一直是国际社会关注的重点问题之一，全社会各界一直都非常关注挖掘和探索旅游扶贫潜力。党的十九大也提出旅游扶贫的攻坚战。有利于贫困人口发展的旅游，强调贫困人口能够从旅游中获取包含经济、社会、文化和环境在内的净收益的旅游才是扶贫旅游。扶贫旅游是以扶贫为目标导向的一种旅游发展方式，以贫困人口获益和发展为出发点和归宿。扶贫旅游与一般的旅游发展的区别在于，前者旅游投资者与经营者的利益被放在首要位置，旅游发展追求的是经济利益的最大化，因此一般旅游产业链以价值创造最大化为宗旨构建。旅游业涉及面广而复杂，产业链在旅游业发展中所发挥的作用也越来越突出，旅游产业链作为一种产业经济研究的新领域，已引起各界的广泛关注。扶贫旅游为实现扶贫的目标，其虽关注旅游发展所带来的利益，但更强调利益的分配及其带动效应。在贫困地区发展旅游业，要因地制宜，充分发挥旅游业的带动功能，使更多地区更广泛的人民群众脱贫致富。

利用本地资源，包括原材料和人力资源等，以扶贫旅游为龙头，优化相关产业，在本地生产和销售产品，形成完整的产业链，最大限度地使旅游收益留在本地，有效安置当地居民就业，达到扶贫的效果是扶贫旅游产业链本地化。扶贫旅游关注贫困人口的持续收益和发展，而贫困人口参与是其实现获益和发展最有效的途径。从对贫困地区旅游资源的简单利用，满足游客的某方面需求，到对区域资源的综合开发利用，满足游客的综合需求，实现旅游发展带动贫困人口脱贫致富，扶贫旅游产业链的发展主要是由资源（旅游资源、客源市场资源等）、知识和资本三者共同推动，并受到当地生态环境的约束。表现为产业链的萌芽、成长、成熟、衰退四个阶段。

乡村旅游作为我国扶贫旅游最主要的形式，更多的还只停留在对初级农产品的利用，乡村旅游产业链短，产业的关联度不高，第一、第二、第三产业没有进行关联性的整合，扶贫旅游产业融合度低，横向合作较少，景区尚处在单打独斗的层次，优势互补的功能尚未充分发挥，资源共享未能实现，旅游宣传面较窄、影响较小，宣传方式较为单一，渠道较狭窄，信息网与客源网尚不健全。一般而言，为满足旅游者的需求，旅游产业链涉及以“食、住、行、游、购、娱”等产业及其延伸部分仍处于脱节的状态，不完全配套，不能满足旅游者的综合需求，例如提供住宿的客栈却不提供餐饮，而提供餐饮的不能提供住宿。扶贫旅游企业之间的联系存在脱节，目前我国多数扶贫旅游区并未形成核心旅游企业，核心扶贫旅游企业带动力不足，导致各扶贫旅游企业之间的联系脱节，无法实现对区域内旅游相关要素的有效整合，形成完整的扶贫旅游产业链。由于贫困地区地处偏远，长期处于封闭状态，开发时间较短，地方产业相对薄弱，地方性产业如种植业、养殖业及加工业等，还不能完全满足扶贫旅游发展的需要，扶贫旅游与本地产业缺乏应有的融合，导致旅游者供给环节的非本地化，扶贫旅游与当地经济体系脱节，出现旅游飞地现象。

扶贫旅游同质化，方式大同小异，产品开发雷同，内容泛化，缺乏特色，只重视旅游景区（点）内相关游览项目的规划和建设，缺乏对旅游者体验性、参与性、趣味性内容的设置和建设，降低了旅游者重游的积极性。旅游扶贫作为我国反贫困的重要方式和手段之一，通过旅游发展带动了大量贫困人口脱贫致富，然而大多数地区实施的扶贫旅游未能达到应有的成效。

扶贫旅游产业链未能实现优化，扶贫旅游价值创造能力不强、价值分配功能不高，进而造成扶贫旅游的关联、带动效应得不到充分发挥。长期以来，国内对扶贫旅游存在问题的研究只停留在宏观方面，而从微观层面探讨扶贫旅游失效的原因及解决之道甚少。培育核心旅游企业、加强产业链整合、加快产业链本地化、加强产业和部门融合及区域合作等路径，以扩展和延伸扶贫旅游产业链，实现其内部各要素及其与外部环境间的协调发展，必须立足于产业链的本地化，将其根植于当地经济，加强与当地社区和贫困人口的联系，以减少旅游漏损、增强扶贫旅游的带动效应及贫困人口对旅游收益的分享。

第三节　商务旅游发展

现代旅游业的发展使商务旅游的内涵和外延都有所扩展，商务旅游不再局限于经商与旅游活动的结合，它涵盖了所有因工作关系到外地从事与商贸事务有关的个人或集体活动，通常还包括会议旅游、奖励旅游及大型商业性活动。商务旅游狭义一般指人们出于商业或工作的目的，到达并在非居住地停留的活动。对商务旅游的研究内容主要集中在商务旅游发展与管理、商务游客需求分析、商务旅游与航空关系等方面，广州、北京、上海、香港是中国入境商务旅游流网络的一级核心节点城市，广州是中国入境商务旅游流网络的中心；桂林、黄山、西安等旅游城市虽然并非沿海或外贸发达城市，但在中国入境商务旅游流网络中居于二、三级核心位置，商务旅游流具有向著名旅游城市转移扩散的实际情况，值得内地旅游城市予以重视。

在21世纪商务旅游面临的挑战呈现出多样化特点：一是全球一体化、金融危机等国际层面的因素；二是商务旅游管理人才匮乏等国家层面的因素；三是商务旅游本身活动所带来的环境恶化因素；四是外部文化、技术环境变化而引发的挑战因素。美国为扭转中美贸易逆差，由对中国产品实施贸易制裁开始向人民币汇率、对华投资、技术出口等领域全面施压，欧盟政府则在对中国产品频繁设限的同时，开始引导民众形成针对中国产品的民间壁垒。

世界金融危机以及由此而导致的世界经济危机，给商务旅游带来相当大的消极影响，一方面促使发达经济体国家的商务旅游陷入衰退；另一方面，发展中经济体国家的国际贸易出口严重受阻，给这些国家的国际商务旅游蒙上了厚厚的阴影。蓬勃发展的国内奖励旅游也受到巨大影响，许多企事业单位鉴于经济不景气、市况暗淡而主动改变原定年终奖励旅游计划，将原定年终出游计划进行调整，国际游变国内游，国内游变郊区一日游，甚至不得不取消原定的奖励旅游出行计划。当地政府在增设商务旅游设施如会议与展览中心时必须考虑到环境的保护；国际法规使航空公司做了大量的工作来降低其在环境方面的影响，但交通方面如航空旅行中的污染与浪费燃料问题依然存在，商务旅游者使用交通工具在目的地活动，以及在各目的地之间往返时私家车的使用都会给环境带来不利影响。各类商务旅游设施的不断增加以及商务游客的增多，给城市环境带来了巨大压力。

技术发展的前沿革新不只是为商务旅游带来了机遇，同时也对它构成了一定的不利影响。例如互联网对中介公司却是一种威胁，因为它降低了游客对中介公司服务的需求，计算机网络会议与可视电话会议的发展与会议部门密切相关，但是对奖励旅游部门来说却无关紧要，决定性的问题是企业，预见到了科技进步的影响并做出相应计划的企业，就有可能将这些科技发展转变成机遇，科技进步的速度以及发展的新特性可能会使当前的许多商务旅游投资项目很快过时。

本土文化与异质文化是存在差异和对立的，因而在本土文化心理的驱动下，人们也会自觉不自觉地抵制深深烙上了异质文化烙印的外来商务旅游产品，从而使商务旅游需求减少，在跨文化背景下，越来越多地贴着美国、日本和欧洲国家商标的商品涌进中国，给中国的商务旅游市场带来一轮又一轮的冲击和重大影响。作为劳动密集型服务产业的商务旅游，人力资源是其成功与否的关键因素。该行业兴起时间相对较晚，因而商务旅游的人力资源还面临着诸多的挑战，如培训与教育体系还不甚完善。

商务旅游要想迎接新挑战，必须深化改革，积极应对贸易摩擦，协调各方面的利益关系，努力化解各种外部矛盾和冲突，营造良好的国际环境，逐步建立管理贸易政策体系，充分利用多边机制，改善我国贸易环境。要想解决因商务旅游而引发的环境问题，必须进一步完善法律和制度，涉及商务旅游与环境资源保护的法律应该加快步伐给予完善，为商务旅游环境保护提供有力的法律和制度保障。

合理规划，综合决策，协调发展。把商务旅游区作为重点保护对象，并制定包含环境保护的商务旅游可持续发展规划，使商务旅游设施的布局和游客流量的设计建立在环境和资源可承受的能力上，人工设施与自然环境、区内环境与周边环境的和谐统一，开发与保护并重以促进经济、社会、环境效益的和谐统一。

迎接新技术的挑战，抓住新机遇，必须借助新科技，如互联网、全球分销技术、计算机虚拟现实等来进行更有效的工作。加强了解，迎接跨文化特性的挑战，旅游产品进行推销时，需要慎重考虑商务旅游的跨文化特性，例如需要考虑在饮食与祈祷方面的不同宗教信仰，尤其是广告宣传时必须考虑不同文化的宗教信仰和价值观，及其对不同类型广告的接受能力或排斥心态的影响。迎接跨文化挑战，相关从业人员必须要了解不同文化中礼仪与礼貌行为的相关规范，深入研究不同国家、民族的文化心态、价值观念与思维方式，以免冒犯客人，同时完善商务旅游培训与教育体系，研发新产品，吸引更多的商务旅游者消费，例如针对高收入商务旅游者追求产品专业化、个性化之特点开发商务专业培训游、奖励旅游采用邮轮包船游等高端商务旅游产品，改变商务旅游产品购买方式，现代科学技术的发展极大地促进了商务旅游产品销售方式的变化，推进中国商务旅游与网络的良好接轨，以主题化创品牌，特色化聚人气为主题举办的旅游博览收到良好吸引商务游客的效果。

第四节 工业旅游发展

有组织地参观访问工业、科技、手工业、服务业等各类企业，使游客通过了解工业产品及其制作过程，丰富知识，开阔视野，满足游客好奇心和求知欲，是旅游发展到一定阶段后所产生的一种新的旅游方式，它以工业企业的厂区、生产线、生产工具、劳动对象和产品等为主要吸引物，活动范围一般限于工业企业之内，是对旅游资源深层次的开发。目前工业旅游在我国主要是在具有一定知名度的名牌企业中开展：参观企业标志性建筑、企业特有的人文景观以及厂区美化绿化建设，了解企业生产制造过程，拓宽旅游者视野，学习企业先进的管理经验，感受企业文化，认识该行业的发展历史，工业旅游伴随工业产业发展而发展，是城市品牌的衍生物，具有一定的地域性独特性和特定文化内涵的城市品牌。

城市品牌是城市长期经济发展的沉淀与城市文化的融合，反映了产业发展的脉络、体现城市文化的精髓，城市品牌作为一个城市的神韵与标志性符号是短期内任何其他城市难以模仿和复制的，城市品牌构成城市工业旅游竞争力的精神内核，城市品牌既是城市历史的见证，又是城市未来的发展主导方向。工业旅游所涉行业包括钢铁、汽车、航空、石油、酿酒、电力等，各企业作为本行业的领头军不仅体现在生产规模、经济效益、产品的市场占有率上，还体现在品牌的价值、产品的历史及社会影响力等各个方面，工业旅游一方面扩大了企业的知名度，另一方面也为工业旅游的产生孕育条件。工业旅游一般都经历了由参观接待转为旅游服务、由无偿服务转为有偿经营的蜕变。

随着工业旅游的规模化发展及带给企业的无形收益的递增，其地位也日益提升，积累了丰富的旅游管理经验，从传统辅助部门转变为独立运作的职能部门。工业旅游一般以厂区、厂貌为物质依托，以企业文化、先进的管理、企业的发展历史为精神内核，以先进的生产线、气势恢宏的加工现场为吸引物。最终通过游客的参观参与为形式，达到提高企业知名度、融合生产厂家与消费者关系的根本目的，现代化的流水线，繁忙的港口码头，蓬勃发展的新经济组织已成为工业旅游的新亮点，工业旅游的开展和推进准确地抓住了经济结构调整中的一个热点问题，抓住了旅游业一个新兴的增长点，对于将进一步拓展旅游业发展的领域、完善区域产业结构调整、盘活企业无形资产具有极其重要的现实意义。

世界上很多高科技企业都非常重视工业旅游，如美国的硅谷和造币厂的开放，法国三大汽车制造厂雷诺、标志、雪铁龙每年接待游客达相当于我国一座小型旅游城市一年的游客量，发展工业旅游有利于培养区域新的增长点，形成城市富于竞争力的旅游品牌并扩大城市的知名度，树立良好的城市形象。

当前，工业旅游的升温，无疑是对以往常规旅游的一种补充、延伸和发展，其意义不可小觑，尤其在当前全球旅游需求趋于多元化的前提下，不能停留初级观光旅游产品的模式，必须开阔眼界，开发出具有丰富文化内涵的复合式、多重式旅游产品，以企业文化为依托，以企业实体与品牌为载体，是对旅游资源的深层次开发，是一种高品位的旅游方式。

知识经济的发展必然要求享有更高层次的旅游消费，改变过去单一的观光娱乐的旅游需求形式，知识和技术含量大的旅游产品正式代表了时代发展的潮流。

作为主导产业的工业和发展潜力极大的旅游业有机融合，在对外宣传促销上加大投入，运用各种公众媒体对工业旅游进行大力度宣传和推介，激发工业旅游的需求与热情，从而形成发展工业旅游良好的外部氛围。纵深发展要求彻底消除企业对旅游资源的垄断障碍，实现市场化运作。加强与旅行社的合作与联合，充分利用旅行社的客流资源合作发展。发展工业旅游不仅是工业企业涉足第三产业的投路石，同时也是城市经济的推动器。

城市政府要对工业旅游资源统一进行规划，将其作为城市旅游经济新的增长点分期进行开发。发展工业旅游经济既要重视硬件建设又要重视软件强化，关键是旅游人才的培养。对于旅游服务性行业而言，人是诸多生产力要素中最重要的一个因素，而从业人员的服务意识与业务水平也是制约工业旅游发展的瓶颈问题，加强教育和培训工作机制，全面提高员工素质，要注意吸引优秀旅游管理人员和大学毕业生，还要加强与有关旅游院校的联系，共同开发、规划或经营工业旅游经济。

城市政府通过加强企业间联合，有组织有步骤地整合工业旅游资源和客流资源，形成城市工业旅游的联动效应，精心打造工业旅游的城市品牌整体提升城市旅游业的核心竞争力。

下　　篇

绪　论

推动全域旅游发展、创建全域旅游示范市，是贯彻落实党的十九大精神和五大发展理念的重要战略和实践，是实现焦作市更好更快发展的重要机遇和动力，是一场具有深远意义的变革，是旅游业发展到现阶段的一种新形态、新理念、新模式，代表现代旅游业发展的新方向并事关全市发展大局，是旅游产业发展一种新的综合改革平台和载体，也是推进旅游综合改革和创新发展的平台和载体。强化协调服务职能，围绕产业融合、部门联动、资源整合，搞好协调服务。树立“旅游＋”思维，推动旅游业与各产业、各行业深度融合，拉长产业链条，推动集聚发展，实现经济和社会效益双赢。按照处处是旅游环境，人人是旅游形象的标准，通过高标准规划建设，高水平运营管理，推动全域旅游业转型升级、提质增效，全力推进旅游业从观光型向复合型转变、从景区型向全域型转变，实现不同区域的错位发展、协同发展。

资源型城市焦作市包含以下优势：

一　政治优势：党的核心领导，上下同心同德，民众的积极参与，民风淳朴为焦作转型发展奠定基础

焦作是一个投资环境非常优良的城市。有高效的政务环境，牢固树立“创新、规范、务实、简捷”的行政理念，建立了市、县、

乡三级行政服务中心，坚持为外来投资者提供“零距离、保姆式”服务。有良好的政策环境，是河南省享受振兴东北老工业基地政策的5个重点城市之一，是商务部确定的中部9个加工贸易梯度转移重点承接地之一，是中部地区国家首批典型资源枯竭城市之一。有丰富的资源环境。焦作毗邻晋东南煤海，地下水储量可观，南水北调国家重点工程穿越焦作，被誉为“晋煤焦水、天赐良缘”。西气东输从焦作经过，煤层气资源储量丰富。焦作电力网络完善、结构优化，正在加快推进龙源电厂、焦作电厂迁建等一批电力工程，将为焦作提供充足的电力保障。有诚信的社会环境，加强政府、企业、社会、个人等全方位、多层次诚信体系建设，荣获“中国投资环境百佳城市”“跨国公司最佳投资城市”等称号。

二 历史优势：人杰地灵，人文荟萃，名家辈出为焦作转型发展提供支撑

焦作是一个历史文化非常悠久的城市。古为怀庆府所在地，是中华民族的发祥地之一，有着深厚的历史文化底蕴和丰富的文化内涵。女娲补天、黄帝祈天、神农尝百草等美丽传说源于此地；韩愈、李商隐、司马懿、许衡、朱载土育等历史名人诞生在这里；武王伐纣遗址、山阳城遗址、古羊肠坂道（曹操北上壶关讨伐高干曾路经此地，写下名篇《苦寒行》）、汉献帝陵、竹林七贤遗址等古迹犹存；万里黄河第一观——嘉应观、元代建筑瑰宝——慈胜寺、五代御塔——妙乐寺塔、河南三大金塔之首——三圣塔、世界文化名人朱载土育墓、早商府城遗址等被国务院公布为六大文物“国宝”；中原四大名寺之一——月山寺、唐宋八大家之首韩愈陵园等名胜荟萃。焦作温县陈家沟为中华太极拳发祥地，是中外太极拳爱好者向往的太极圣地，全国有代表性的杨、武、吴、孙等诸多太极拳流派皆源于此。太极拳历经300多年的沧桑变幻，目前已成为全人类共同参与的、人数最多的世界第一武术运动，堪称中华民族武术奇葩和世界文化瑰宝。这里还有中央电视台外景拍摄基地——焦作影视城、现代高科技水上乐园——龙源湖乐园、城市森林动物园等旅游项目。古老文化与现代文明相互交织，与山水风光交相辉映，使得焦作山水更具文化神韵和内涵。目前，拥有文物保护点1092处，省级以上文物保护单位97处。

三 环境优势：资源丰富、极致水峡、广袤山脉、山水灵秀为焦作转型发展催生魅力

焦作是一个旅游资源非常丰富的城市。荣获“中国优秀旅游城市”“国家园林城市”等称号。

一是名山。太行山在焦作分布着1000多处景点，山水相依，雄中含秀，春赏山花、夏看山水、秋观红叶、冬览冰挂。云台山世界地质公园闻名遐迩。焦作市的山水风光秀美壮丽、如诗如画。太行山层峦叠嶂，母亲河源远流长，大山大河造化了焦作山水之大气，成就了焦作旅游之大势。这里的山与水自然交融，形神相依，既有通天拔地之势，又有神奇险峻之态，宛如山水画的立体长卷，雄中含秀、幽奇相兼。在最能体现焦作“山水”旅游特色的南太行五大著名景区中，云台山国家风景名胜区以山称奇、以水叫绝，其中的老潭沟云台天瀑314米落差，堪称华夏第一高瀑；小寨沟三步一泉，五步一瀑，十步一潭，似跳动的音乐，流动的画卷；温盘峪丹山碧水，精美清幽，是叹为观止的山水世界，扩大了的艺术图景。茱萸峰依天耸立，雄奇壮观，唐代著名诗人王维曾在此留下“独在异乡为异客，每逢佳节倍思亲，遥知兄弟登高处，遍插茱萸少一人”的千古绝唱。青天河省级风景名胜区秀比江南，被誉为

“北方小三峡”，其中的“中华第一泉”三姑泉达7.3个流量，四季常流，汇就大泉湖。大泉湖既有一川碧水之灵秀，又有幽谷深峡之奇观，行船荡舟大泉湖，景随船移，船移景变，谈笑间，就足以把北国山水的伟岸和南国山水的烂漫一一饱览。最近该景区又发现了天然形成的世界第一大佛——青天河大佛。神农山风景奇、绝、雄、险，被誉为“太行精粹”，其中的白松岭一岭九峰，山中有谷，谷中有峰，形似天地造化的长城，神如一条巨龙的舞动。岭上16000棵珍稀树种白皮松，千年树龄，古老苍劲，一树一态，一松一景，恰似青龙背上的鳞片，光彩照人，风情万种。山风抚过，松涛阵阵、轰鸣声声，如虎啸龙吟，似万马奔腾，情景交融，气势如虹。青龙峡风景区是河南省唯一的峡谷型省级风景名胜区，享有“中原第一峡谷”的美誉，这里气候宜人，天然雕琢，秀色天成，移步换景，景景相宜，堪称山水画廊，避暑胜地。景区内泉潭瀑溪放眼皆是，一泉一景，一潭一色，一瀑一姿，一溪一态，潭瀑相连，相映成趣，泻玉流翠，色泽如绘，如一句句优美诗行，似一幅幅水墨画卷，使人赞叹，令人流连。而宛如人间仙境的群英湖风景区，更是把这里的山水风光点缀得如诗如梦。二是名拳。焦作是陈氏太极拳的发祥地。三是名药。焦作是怀地黄、怀山药、怀菊花、怀牛膝的原产地，“四大怀药”以药材地道、疗效神奇成为中医药文化的瑰宝。

四　人才优势：招揽人才、培育人才、厚待人才、服务人才为焦作转型发展注入动力

焦作是河南省的人才资源大市，拥有高中级人才比例，在全省属前列。近两年来，又相继出台了引进人才管理办法，一大批优秀人才正源源不断涌来，为焦作发展注入了动力、增添了活力。

五　区域优势：地处中原，北有太行、南有黄河，沃土千里为焦作转型发展激发活力

焦作是一个区位优势非常明显的城市。北依太行、南临黄河，总面积4071平方公里，辖11个县市区，常住人口353万。焦作是一个经济发展非常迅速的城市。近年来，焦作市强力实施工业强市、项目拉动、开放带动、科技推动战略，经济社会实现了平稳较快发展。2011年地区生产总值达到1469.4亿元，增长13.3%；财政一般预算收入74.5亿元，增长17.6%；规模以上工业增加值达到865亿元，增长18.9%；全社会固定资产投资完成946.4亿元，增长26%；社会消费品零售总额379亿元，增长17.8%。

六　交通优势：四通八达、高铁相连、高速相接是焦作转型发展重要保证

焦作的旅游交通条件极为便利。焦作是河南省交通发达地区之一，焦新、焦枝、焦太铁路穿境而过，东接京广，南连陇海，北至太原；焦郑、焦晋高速公路和焦作黄河公路大桥与国道融会贯通，与地方路网纵横交错，与省会郑州、中岳嵩山、古都开封、洛阳、山西晋城之间的行程均在百公里以内。实现了“县县通高速”“乡乡通二级”“村村通硬化路”。新建郑焦城际铁路、郑焦城际铁路云台山支线，运营后郑州至焦作仅25分钟车程，郑州至云台山只需30分钟。

焦作市创建国家全域旅游示范市领导小组印发了《创建全域旅游示范市三年行动计划》，创建国家全域旅游示范市，是经济社会发展到一定阶段的必然要求，是贯彻落实五大发展理念的现实需要，建设国际文化旅游名城的必由之路，突出特色、发挥优势，要

做“美”山水资源，把南太行打造成为资源品质一流、服务功能一流、口碑形象一流的国际山水特色旅游目的地。要做“厚”文化内涵，打造独具特色的地域名片。要做“长”产业链条，加快形成多元化的产业体系。高起点、高标准、高质量编制《焦作市全域旅游发展规划》，同步编制县（市）区旅游发展规划和旅游综合环境整治等专项规划，注重规划融合，严格规划执行。焦作市力争创建成为第二批国家全域旅游示范市，旅游业综合收入占全市GDP 比重达到 16% 以上。

焦作市创建国家全域旅游示范市提升工程包括突出“山水焦作”品牌，以云台山世界地质公园为核心，构建山水观光休闲度假国际旅游目的地。突出“太极圣地”品牌，以太极拳文化为引领，构建文化体验国际旅游目的地。形成健全的旅游接待体系。

依托“四大怀药”原产地优势，积极开发怀药系列餐饮和药膳食品。把云台山建成国际养生度假、生态体验、地质奇观特色旅游目的地，陈家沟建成国际太极拳特色旅游目的地，青天河、神农山、青龙峡、峰林峡建成国际山地特色旅游目的地。策划制作大型实景演出，打造多业态聚集的旅游休闲娱乐街区。发展壮大旅游购物服务业。规划建设旅游快速通道，增强旅游通达性。构建公共服务、项目建设、景观生态、交通游线、创新营销、资源环保六大支撑体系，把中心城区建设成为区域旅游休闲集散中心、国家太极文化养生名城、国际知名旅游目的地城市。推进旅游与农业、工业、文化、体育、养生、城建融合发展。充分利用现代新媒体、新网络、新技术、新手段，推动旅游营销全域联动、行业联合、企业联手、媒体联姻、信息联网，打造特色鲜明的全域旅游目的地整体品牌形象。推进城市旅游公共服务导向系统建设，规划建设旅游信息咨询服务中心、自驾车营地，加快推进“厕所革命”。加快智慧旅游体系建设，实现智慧化管理、营销和服务。完善旅游服务标准体系，创建一批旅游服务标准化示范单位，叫响“焦作服务”品牌。完善旅游安全责任体系，打造平安旅游。积极推进“1+3”旅游管理体制改革，加强诚信体系建设，营造良好的旅游市场环境。实施文明素质教育培养提升工程。推进全域旅游创建进机关、进企业、进社区、进农村、进学校，努力达到家喻户晓、人人皆知。加强文明旅游宣传教育，大力开展旅游志愿服务，提升市民全域旅游服务者、参与者和受益者的主人翁精神和责任意识，打造全民共建共享的全域旅游发展格局，汇聚发展合力。

第九章　基于结构方程模型的全域旅游示范市建设研究

如何客观判断当前全域旅游示范市建设中社会、环境和经济之间的关系，从而评价不同城市建设全域旅游示范市的效果，并制定相应的城市建设政策，是指导城市可持续发展的首要问题。本文采用路径分析和结构方程模型的方法，系统分析我国全域旅游示范市建设中社会进步、环境保护和经济发展之间的关系，为城市建设的决策提供支持。

第一节　全域旅游示范市建设结构方程模型概述

结构方程模型（Structural Equation Modeling，SEM），是基于变量的协方差矩阵来分析变量之间关系的一种统计方法。它是一种既考虑因子的内部结构，又注重因子之间因果关系的多变量测量模型。结构方程模型可分为测量方程（measurement equation）和结构方程（structural equation）两部分。测量方程描述隐变量与指标之间的关系，结构方程则描述隐变量之间的关系。其中，隐变量是指不能直接、准确测量的变量，需要通过设立显变量来间接测量。

测量模型：

$$X = \Lambda x\xi + \delta$$

$$Y = \Lambda y\eta + \varepsilon$$

其中，X 为外源（exogenous）指标组成的向量；Y 为内生（endogenous）指标组成的向量；η 为内生隐变量；ξ 为外源隐变量；Λx 为外源指标在外源隐变量上的因子负荷矩阵；Λy 为内生指标在内生隐变量上的因子负荷矩阵；δ 为外源指标 X 的误差项；ε 为内生指标 Y 的误差项。

结构模型：

$$\eta = B\eta + \Gamma\xi + \zeta$$

其中，B 为多个内生隐变量之间的关系系数；Γ 为外源隐变量对内生隐变量的影响系数；ζ 为结构方程的残差项，反映 η 在方程中未能被解释的部分。

“外源”变量是指因果关系结构中的隐变量，“内生”变量是指因果关系结构中的自变量。

国内外研究中尚未见到结构方程模型应用于全域旅游示范市建设研究。本文也是在创新性地尝试构建全域旅游示范市建设结构方程模型。

第二节　全域旅游示范市建设模型的建立

本文以 S－PLUS 语言为编程平台，采用偏最小二乘（PartialLeas－t Squares，PLS）法构建结构方程模型，计算隐变量（因子）估计值和因子载荷阵，并利用 SPSS 软件对 PLS 计算得出的隐变量（因子）估计值进行回归分析，进一步得出因子之间的关系

（内部结构模型）以及与之对应的各个显变量之间的关系（外部测量模型）。经过统计学意义上的比较和检验，最终确定结构方程模型。

一 模型结构的确定

根据 OECD 提出的压力—状态—反应（Pressure - State - Response）模型，本文构建全域旅游示范市建设复合系统，由社会进步、环境保护和经济发展三个因子组成。

二 显变量的确定与分类

根据全域旅游示范市社会环境经济复合系统耦合的结构关系，本节为不同结构因子选取了显变量，构建全域旅游示范市建设结构方程模型，具体见表 9 - 1。

表 9 - 1 全域旅游示范市建设结构方程模型隐变量及其显变量

隐变量	显变量	单位
社会进步（Y_1）	人均地区生产总值 y_{11}	元
	食品支出 y_{12}	元
	人均生活用电 y_{13}	千瓦时/人
	每百人图书馆藏书 y_{14}	册
	地区生产总值 y_{15}	万元
	人均绿地面积 y_{16}	平方米
	人口密度 y_{17}	人/平方公里
	城镇生活污水处理率 y_{18}	%
环境保护（Y_2）	工业二氧化硫排放量 y_{21}	吨
	工业废水排放量 y_{22}	万吨
	工业烟尘排放量 y_{23}	吨

续表

隐变量	显变量	单位
经济发展（Y_3）	第三产业占 GDP 比重 y_{31}	%
	每万人在校大学生 y_{32}	人
	生活垃圾无害化处理率 y_{33}	%
	建成区绿化覆盖率 y_{34}	%
	房地产开发投资完成额占全社会固定资产投资总额 y_{35}	%

三　模型参量的样本数据

根据地域分布、城市规模、经济发展水平和数据可得性，选取33个城市（31个省会、区府、直辖市及深圳和青岛）包括市区和市辖县作为样本（拉萨等数据不完善时删除此样本），取其2014年至2017年在社会、环境、经济等方面的截面数据。

四　模型变量关系的认定

本文采用“枚举”推断方法，假定3个结构因子之间存在关系。首先设计了模型1进行建模试算，然后根据检验结果逐一确定各个结构因子之间的相关关系，共计6种假设模型（见图9－1），以最终确定适合的结构方程模型。

根据图9－1假设的路径分析图，利用PLS的迭代计算首先得到隐变量（因子）的估计值。然后，通过SPSS的回归计算得到不同的结构模型方程组。依据回归的F检验和T检验，以置信度大于90%作为评价标准（F检验和T检验的Sig值小于0.10，能通过检验），分别对模型的线性回归和因子之间的相关系数进行检验，从而在不同的路径分析模型（1—6）中进行选择，最终确定模型2为与样本数据拟合最好的结构方程模型。

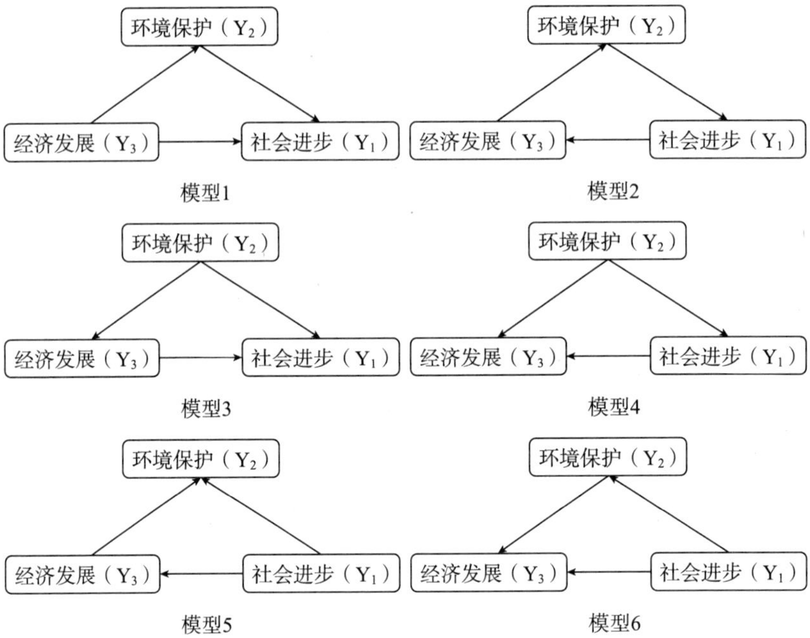

图 9－1　模型的 6 种路径分析

五　结构方程模型的确定

按照模型 2 设计的路径分析图，用 33 个样本城市的 2005 年至 2008 年截面数据采用 PLS 算法进行迭代，得到各因子（隐变量）估值及与之对应的因子载荷阵，并回归计算因子（隐变量）之间的内部结构模型、因子（隐变量）和显变量之间的外部测量模型。

（一）隐变量和隐变量之间的内部结构模型

$$Y_1 = 0.24Y_2 + \zeta_1$$

$$Y_2 = -0.39Y_3 + \zeta_2$$

$$Y_3 = 0.40Y_1 + \zeta_3$$

（二）隐变量和各显变量之间的外部测量模型

$$\begin{cases} y_{11} = 0.895Y_1 + \varepsilon_{11} \\ y_{12} = 0.814Y_1 + \varepsilon_{12} \\ y_{13} = 0.771Y_1 + \varepsilon_{13} \\ y_{14} = 0.775Y_1 + \varepsilon_{14} \\ y_{15} = 0.795Y_1 + \varepsilon_{15} \\ y_{16} = 0.645Y_1 + \varepsilon_{16} \\ y_{17} = 0.667Y_1 + \varepsilon_{17} \\ y_{18} = 0.514Y_1 + \varepsilon_{18} \end{cases}$$

$$\begin{cases} y_{21} = 0.902Y_2 + \varepsilon_{21} \\ y_{22} = 0.820Y_2 + \varepsilon_{22} \\ y_{23} = 0.775Y_2 + \varepsilon_{23} \end{cases}$$

$$\begin{cases} y_{31} = 0.303Y_3 + \varepsilon_{31} \\ y_{32} = 0.406Y_3 + \varepsilon_{32} \\ y_{33} = 0.518Y_3 + \varepsilon_{33} \\ y_{34} = 0.609Y_3 + \varepsilon_{34} \\ y_{35} = 0.493Y_3 + \varepsilon_{35} \end{cases}$$

（三）因子载荷阵

$$Y_1 = 5.257y_{11} + 4.785y_{12} + 4.531y_{13} + 4.553y_{14} + 4.668y_{15} + 3.790y_{16} + 3.918y_{17} + 3.018y_{18}$$

$$Y_2 = 2.251y_{21} + 2.046y_{22} + 1.933y_{23}$$

$$Y_3 = 0.705y_{31} + 0.945y_{32} + 1.206y_{33} + 1.418y_{34} + 1.149y_{35}$$

第三节 全域旅游示范市建设结果分析

一 路径分析图的量化

计算得到的 SEMUEM 模型路径分析图（见图 9－2），表征了所有结构因子之间量化的相互作用关系，以及结构因子与不同显变量之间的作用关系。其中，连接线上的数值显示了变量之间的影响程度，数据的符号显示了变量之间的正、负作用关系。

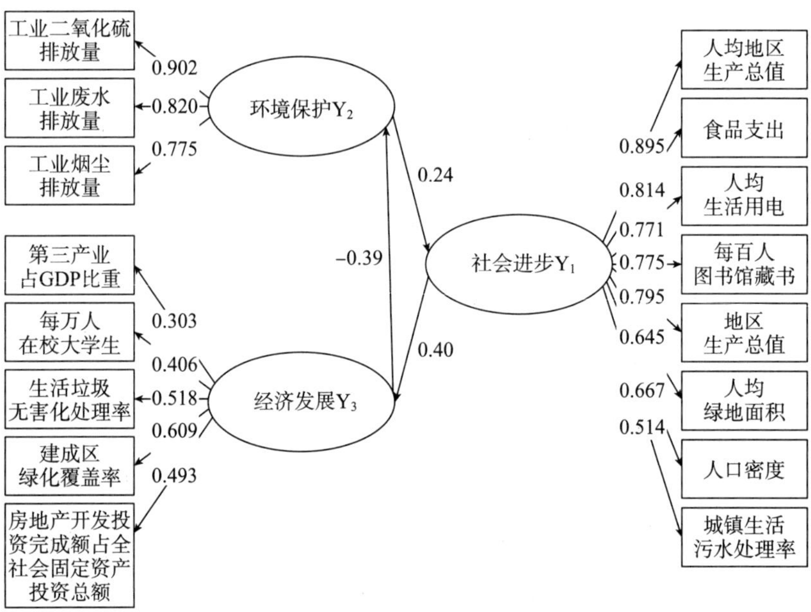

图 9－2 结构方程模型的路径

二　内部关系模型的结果

（一）经济发展的影响机制分析

经济发展与社会进步和环境保护直接相关，社会进步每增加 1 个单位，经济发展增加 0.40 个单位，说明社会进步能极大促进经济发展。

（二）环境保护的影响机制分析

环境保护与经济发展和社会进步直接相关，经济发展每增加 1 个单位，环境保护降低 0.39 个单位，说明我国经济发展还处于低级的高速发展阶段，需要城市发展管理者充分认识环境保护的重要性及迫切性。

（三）社会进步的影响机制分析

社会进步与环境保护和经济发展直接相关，环境保护每增加 1 个单位，社会进步增加 0.24 个单位，说明环境保护某种程度上推动了社会进步。

三　外部关系模型的输出结果

（1）经济发展与其显变量之间的关系：生活垃圾无害化处理率 y_{33}、建成区绿化覆盖率 y_{34} 较为敏感，对经济发展程度的影响较大。

（2）环境保护与其显变量之间的关系：工业二氧化硫排放量 y_{21}、工业废水排放量 y_{22}、工业烟尘排放量 y_{23} 较为敏感，对环境保护的水平影响较大。

（3）社会进步与其显变量之间的关系：人均地区生产总值 y_{11}、食品支出 y_{12}、人均生活用电 y_{13}、每百人图书馆藏书 y_{14}、地区生产总值 y_{15}、人均绿地面积 y_{16}、人口密度 y_{17}、城镇生活污水处理率

y_{18}较为敏感，对社会进步的水平影响较大。

第四节 全域旅游示范市建设结论

全域旅游示范市建设结构方程模拟计算表明：社会进步、环境保护和经济发展相互作用，且社会进步与经济发展正相关，环境保护与社会进步正相关，而经济发展与环境保护负相关，建议城市管理者应当重点调控社会进步和经济发展结构因子，以实现提高城市环境质量及全面建设全域旅游示范市的目标。

第十章　焦作市乡村互联网经济发展概况

在我国城乡“二元”结构的特殊体制下，城乡差距不断扩大，“三农”问题也日益凸显。为了解决经济发展带来的乡村问题，国家近年来相继出台了一系列惠农政策，中共十六届五中全会提出建设社会主义新农村是中国现代化过程中的重大历史任务，并提出了建设“美丽乡村”的概念。在全球化的影响下，从 20 世纪 90 年代开始，我国互联网经济迅速发展，网络平台被广泛地运用在商业运作的各个领域。“互联网 +”的出现大大缩短了消费与信息传播的距离，减少了空间制约，从而促进了农村网购消费与地方品牌的培育与发展。《国务院办公厅关于促进农村电子商务加快发展的指导意见》（2015）中指出：“构建农村购物网络平台。改善农村电子商务发展环境。”阿里巴巴、京东和苏宁等电商巨头纷纷布局进军农村电商市场，在县与村建立一级服务点和代理点，刺激乡村网络消费市场的快速成长。

在互联网技术迅速发展的背景下，本文立足于国内乡村发展的现状，试图寻找实现农村经济转型的道路，并通过网络信息平台提供的契机，从人口地理学和文化地理学等视角出发，着重研究“互联网 +”时代下乡村网购经济的驱动因素、潜力挖掘和地方品牌的塑造，以期为农村网购经济发展和乡村文化提供建议，缩小城乡差距。

第一节 乡村互联网经济实证研究

一 研究区概况

焦作市位于河南省西北部，北依太行山，与山西省接壤；南临黄河，与郑州、洛阳毗邻；东接新乡，西邻济源。地处 112°43′31″E ~ 113°38′35″E，34°41′03″N ~ 35°29′45″N 之间，东西长约 102.05 公里，南北宽 75.43 公里，全区土地总面积 4000.89 平方公里。焦作市辖 5 区（市区）、2 市、4 县，分别为解放区、山阳区、中站区、马村区及高新区，沁阳市、孟州市、温县、修武县、武陟县和博爱县。全市处于中纬度地区，属暖温带大陆性季风气候，四季分明，雨量集中；年最高气温 43.3℃，最低气温 -17.9℃，平均气温 14.4℃；年平均日照总时数为 2422.7 小时，日照百分率为 55%。

二 案例地与研究方法

本研究以河南省焦作市所属的桑坡村、磨头村、上屯村、北李万新村、芦堡村和南李万村共六村为案例（图 10 - 1）。上述六村对主题具有较强的地方代表性，同时亦拥有乡村常见各类资源，已创建地方品牌，具有很好的研究价值。

2017 年 3—9 月，采用实地调查问卷、参与式观察及深度访谈相结合的方法，多次进入六个村的项目工作场所内部以及参与到当地村民的日常生活中，以获取真实、可靠的信息。选取焦作市（市级服务中心）近郊的南李万等三个村，博爱县城（县级服务中心）附近的上屯村，磨头镇（镇级服务中心）旁的磨头村和孟州桑坡村（淘宝村）进行问卷调查和访谈，共发放问卷 387 份，有效问卷 308 份，访谈 12 人次。由焦作市中心区至外围区，共发放问卷 387 份，走访 6 个农村，调查对象 1161 人次，访谈 12 人次，收到有效问卷 308 份，其中女性 171 人，男性 137 人，男女比例约为 4∶6。

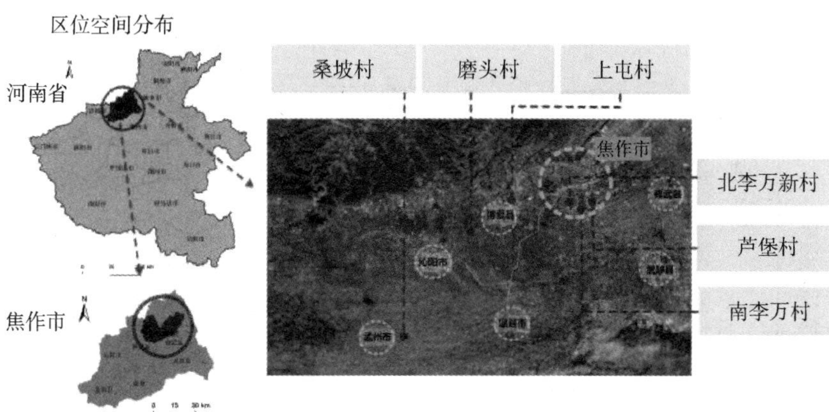

图 10 -1　实地调研村庄空间分布

第二节　农村网购驱动因素

通过相关分析发现：网购次数与网络应用能力、职业、年龄在 0.05 水平上显著相关，其中与网络应用能力相关度最高，与年龄负相关；网络应用能力与职业、学历、网络设施工具在 0.05 水平上显著相关，与年龄负相关（表 10 -1）。

表 10－1　　农村网购驱动因素

		性别	年龄	学历	职业	月收入	网络工具设施	网络应用能力	风险感知	网购店家	网购次数	网购支出
性别	Pearsom 相关性	1	−0.211**	−0.033	0.092	−0.128*	0.012	0.110	0.098	0.087	0.117	−0.032
	显著性（双侧）		0.001	0.600	0.147	0.045	0.850	0.084	0.124	0.174	0.66	0.617
年龄	Pearsom 相关性	−0.211**	1	−0.192**	−0.115	0.108	0.010	−0.126	−0.081	0.085	−0.196**	−0.009
	显著性（双侧）	0.001		0.002	0.071	0.093	0.873	0.048	0.204	0.183	0.002	0.884
学历	Pearsom 相关性	−0.033	−0.192**	1	0.129*	0.085	0.074	0.277**	0.127*	−0.029	0.104	0.262**
	显著性（双侧）	0.600	0.002		0.042	0.184	0.249	0.000	0.046	0.645	0.101	0.000
职业	Pearsom 相关性	0.092	−0.115	0.129*	1	0.187**	0.050	0.282**	0.192**	0.132**	0.288**	0.182**
	显著性（双侧）	0.147	0.071	0.042		0.003	0.436	0.000	0.002	0.037	0.000	0.004
月收入	Pearsom 相关性	−0.128*	0.108	0.085	0.187**	1	0.118	0.092	0.042	0.069	0.112	0.211**
	显著性（双侧）	0.045	0.093	0.184	0.003		0.065	0.153	0.511	0.281	0.082	0.001
网络工具设施	Pearsom 相关性	0.012	0.010	0.074	0.050	0.118	1	0.265**	0.51	−0.041	0.020	0.132*
	显著性（双侧）	0.850	0.873	0.249	0.436	0.065		0.000	0.424	0.520	0.757	0.037

续表

		性别	年龄	学历	职业	月收入	网络工具设施	网络应用能力	风险感知	网购店家	网购次数	网购支出
网络应用能力	Pearsom 相关性	0.110	-0.126*	0.277**	0.282**	0.092	0.265**	1	0.232**	0.152*	0.417**	0.467**
	显著性(双侧)	0.084	0.048	0.000	0.000	0.153	0.000		0.000	0.017	0.000	0.000
风险感知	Pearsom 相关性	0.098	-0.081	0.127	0.192**	0.042	0.051	0.0232**	1	0.088	0.068	0.097
	显著性(双侧)	0.124	0.204	0.046	0.002	0.511	0.424	0.000		0.165	0.283	0.127
网购店家	Pearsom 相关性	0.087	0.085	-0.029	0.132*	0.069	-0.041	0.152*	0.088	1	0.066	0.212**
	显著性(双侧)	0.174	0.183	0.645	0.037	0.281	0.520	0.017	0.165		0.302	0.001
网购次数	Pearsom 相关性	0.117	-0.196**	0.104	0.288**	0.112	0.020	0.417**	0.068	0.066	1	0.405**
	显著性(双侧)	0.66	0.002	0.101	0.000	0.082	0.757	0.000	0.283	0.302		0.000
网购支出	Pearsom 相关性	-0.032	-0.009	0.262**	0.182**	0.211**	0.132*	0.467**	0.097	0.212**	0.425**	1
	显著性(双侧)	0.617	0.884	0.000	0.004	0.001	0.037	0.000	0.127	0.001	0.000	

注：*在0.05水平(双侧)上显著相关；**在0.01水平(双侧)上显著相关。

从农村居民消费空间分布来看：服饰鞋帽、娱乐充值、生活用品、书籍刊物类消费网购比例较高，且呈县级、镇级服务中心附近—市级服务中心近郊—淘宝村递增的空间特征。农用物资、家居建材、汽配摩托等消费以实体店为主（图 10－2）。

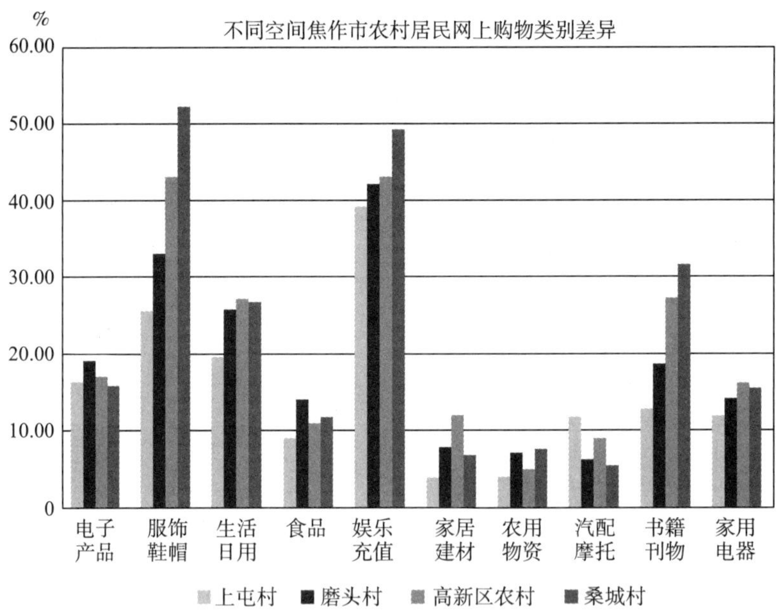

图 10－2　焦作市农村居民网购类别差异

一　农村居民网购人口学特征因素——年龄、学历、性别、职业、收入

18—40 岁是农村网购的主力军，其中大多数人每月网购超过四次以上，50 岁以上的中老年人网购最少，年龄对农村网购影响较大（图 10－3）。在不网购人群中，初中及以下学历所占比例最高，学历增加，不网购人群减少，高中及以上学历网购比例相对较

高（图 10-4）。在不网购人群与网购人中，男女比例大概一致可以看出：性别对农村网购没有影响（图 10-5）。农村居民中，个体户、企业或者事业单位以及学生多会是网购过的，在家务农的多为没有网购的（图 10-6）。在以收入划分阶层时，每个阶层的网购人数均大于不网购人数，其中 4000—5000 人中，网购人数达到最大，可见在稳定经济形势或者可支配收入增加情况下，网络消费也会增大（图 10-7）。

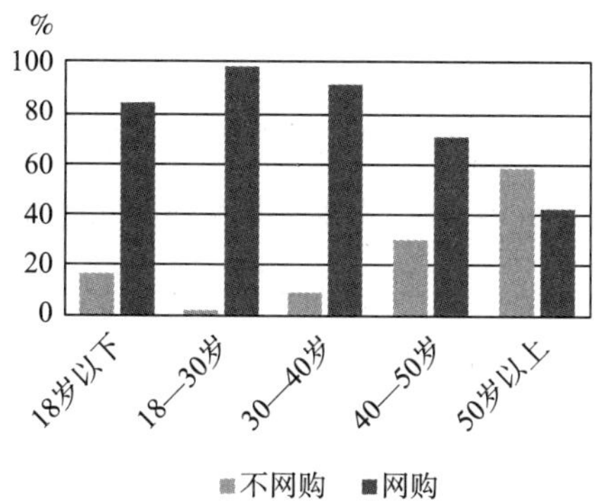

图 10-3　年龄对农村网购的影响

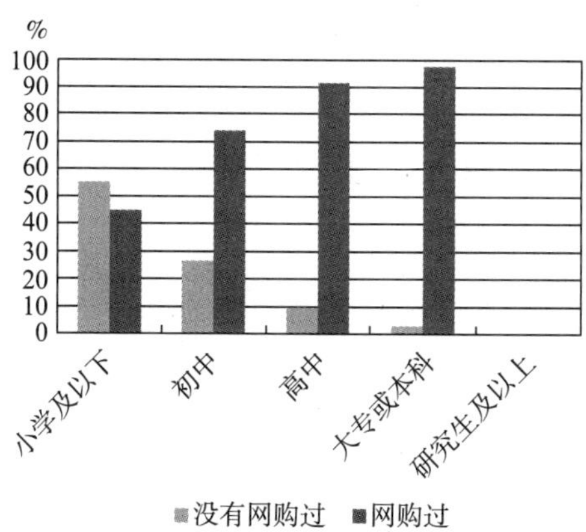

图 10-4　学历对农村网购的影响

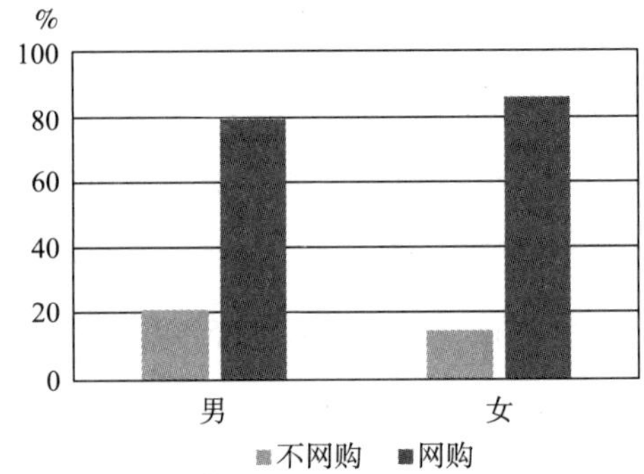

图 10－5 性别对农村网购的影响

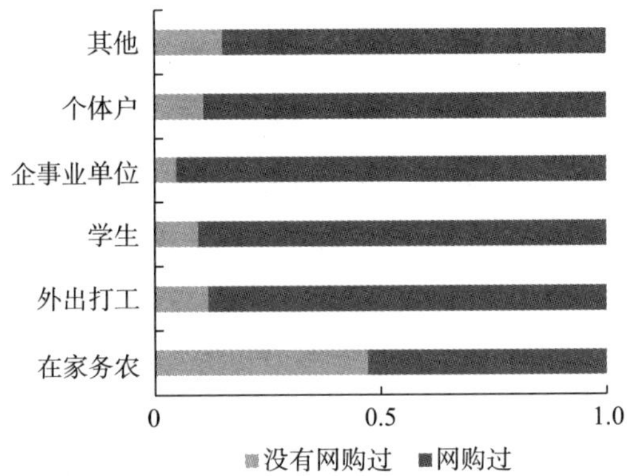

图 10－6 职业对农村网购的影响

三 农村居民网购个人行为特征—网络应用能力、感知风险能力

将问卷中关于网络应用能力的相关题目进行一致性检验后计算出网络应用能力综合得分，对比不同年龄和不同学历的样本得分发现：18 岁以下样本网络应用能力最低（图 10－8），18 岁以上，随着年龄的增加，网络应用能力降低（图 10－9）；随着学历的提高，网络应用能力增强，但小学以下学历网络应用能力略高于初中。

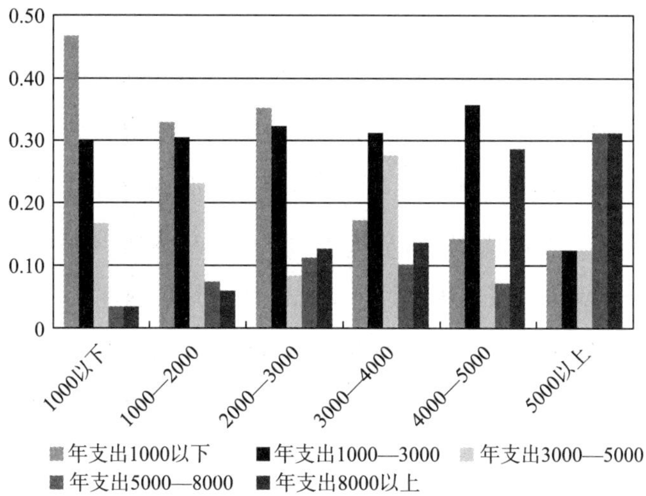

图 10－7　收入对农村网购的影响

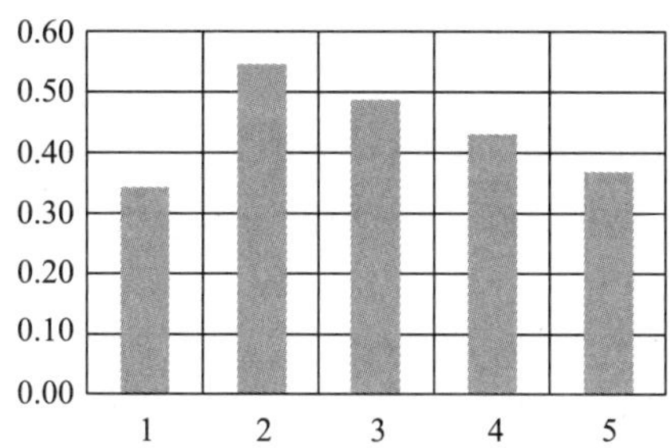

图 10－8　18 岁以上网购应用能力

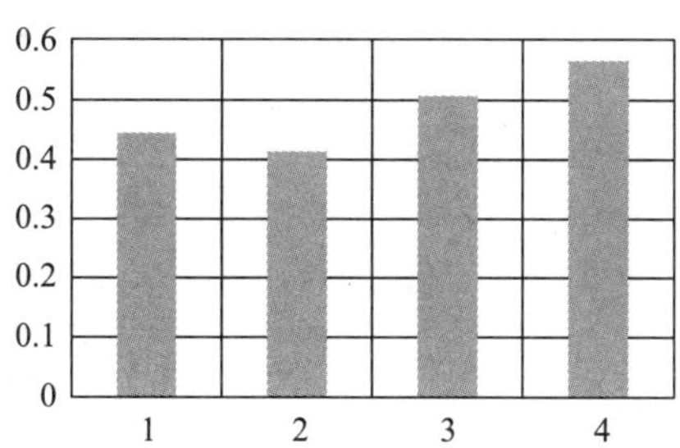

图 10－9　18 岁以下网购应用能力

以购买同一件商品，农村居民关注事项的不同划分风险感知能力。据调查消费者感知网上购买风险的能力多为中下等，因此他们容易放弃实体店购买从而选择接受网上购物。农村居民风险感知能力水平从调查中网购频率从1次到3次，风险感知能力逐渐降低，但是网购频率增加到一定次数（每月4次），风险感知能力大幅提高（图10－10）。以购买同一件商品，农村居民关注事项的不同划分风险感知能力。据调查消费者感知网上购买风险的能力多为中下等，因此他们容易放弃实体店购买从而选择接受网上购物（图10－11）。

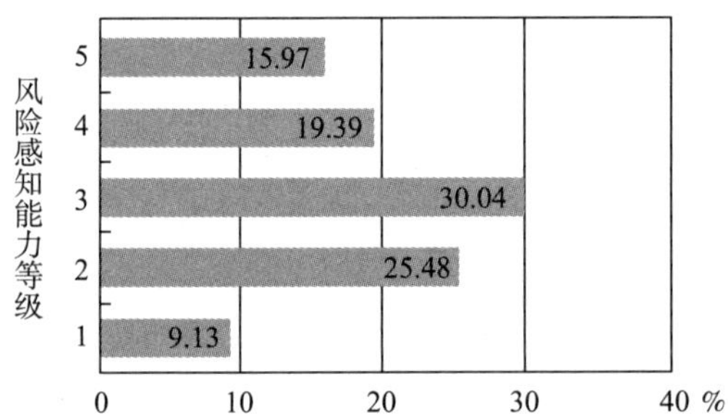

图10－10　农村居民风险感知能力水平

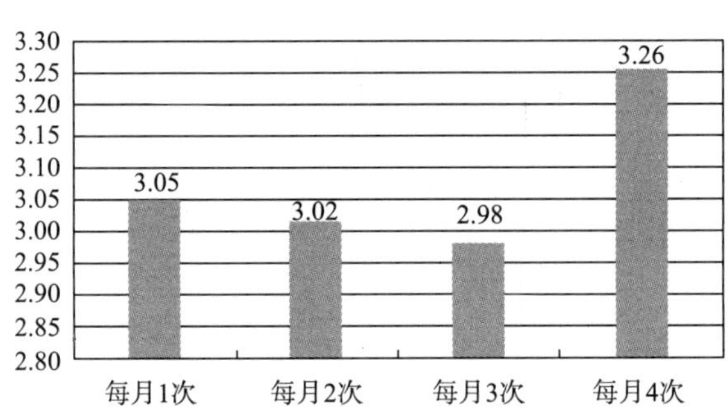

图10－11　风险感知与网购次数的关系

三　网络、物流与智能终端

智能终端在农村的普及状况十分可观，尤其是手机。本次调查的四种不同类型的农村，分别受不同等级的服务中心辐射，加上村淘服务站的带动，从图中就可看出物流大多数在1公里以内（图10－12）。北李万村村里网购很发达，从2003年互联网兴起便开始。磨头村村淘服务站提高了老年人购物比例。上屯村年轻人带动全村网购，送货上门很方便。桑坡村村民借助手机微商发展皮毛加工业，远销海外。

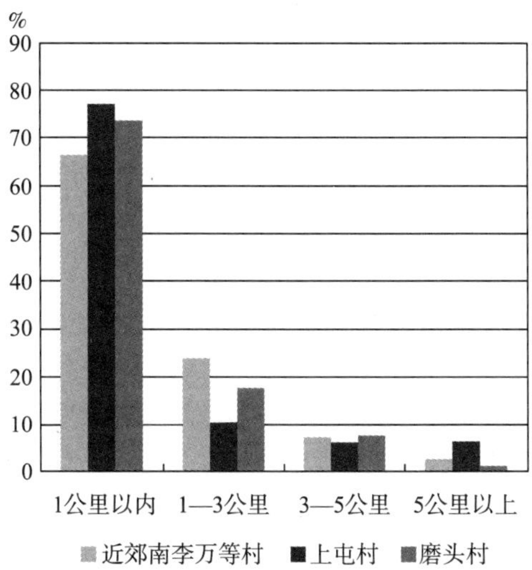

图10－12　网络与物流

四　商家、商品

商品的评价和售后一直是重点考察对象。随着网购年限的增长，价格关注度逐渐下降，商家品牌的关注度呈上升趋势（图

10－13）。

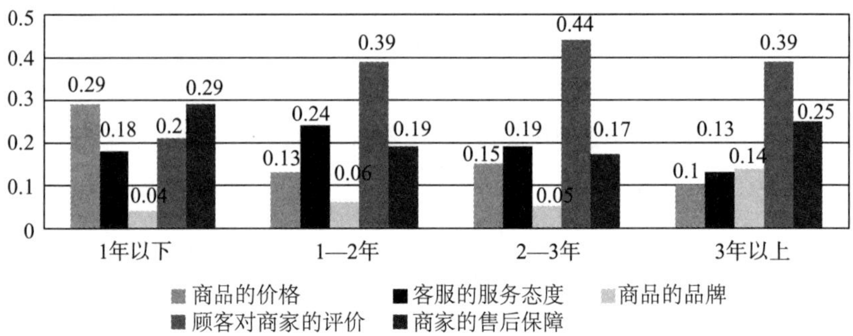

图 10－13　网购时间与关注店家指标

第三节　乡村互联网经济结论与展望

通过对焦作市桑坡村等六个村的农村网购调查和分析，我们得出以下结论：

（1）通过对农村居民网络消费的影响因素分析发现：收入高、学历高、职业为非农业的居民网购频率较高。

（2）二元 Logistic 分析表明：年龄和学历是研究区分居民是否网购主要影响因素。

（3）消费者风险感知能力越低网购频率越高，但是随着网购频率增加到一定次数，网购熟悉度也会增加、风险感知能力大幅提高。

（4）随着农村基础设施的完善，农民是否网购的主导因素将是网络应用能力。

电子商务把城市的消费者跟农村的生产者联系起来，在城市和乡村之间把市场打通，帮助农村进一步发展。技术进步推动互联网普及，升级基础设施。除了电信、交通基础设施外，还要建立数字基础设施，包括云计算、大数据、电子支付、金融、物流等。中欧班列携带“一带一路”沿线国家商品进入千家万户，在乡村也可通过网购买到欧亚大陆物美价廉的进口商品，享受“一带一路”倡议带来的实实在在的红利，例如，德国啤酒、白俄罗斯液态奶、荷兰奶酪、法国红酒。

第十一章　焦作可持续发展研究

第一节　焦作可持续发展出现的问题

资源型城市存在产业结构单一、经济结构不合理、城市基础设施滞后、下岗失业问题严重、生态环境破坏严重等社会和经济问题。造成这些问题除矿产资源开发利用过程中的本身产生的原因外，还存在一些体制机制上的原因。

一是管理体制存在偏差。长期以来，我国对领导干部的考核是以 GDP 指标为核心，相对于产业结构、生态环境、下岗失业等指标来讲，地方干部的轻重缓急就体现出来，牺牲长远、牺牲环境、牺牲百姓利益等现象就不奇怪了。理念决定高度、高度决定战略、战略关乎全局、长远、成败，把创新驱动重视到位，才能发展成综合经济实力、体制技术创新能力都强的现代化都市。

二是投资体制不完善。资源型城市基础设施投入不足，造成城市建设、百姓住房历史欠账很多。基础设施及生态保护项目是关系到资源型城市可持续发展的基础，一个不适宜居住的城市，是很难继续维持城市可持续发展的。以往靠国家投入改善基础设施水平的办法，已经无法满足城市扩展、升级的需要。

三是环境保护体制不顺。环保局是环境保护的主管部门，但在实际工作中，环境问题已经不单是污染物排放所引起的，资源的过度开采、高耗能产业过度发展以及矿产资源综合利用率低等问题，不是环保部门一家所能管得了，必须要从经济与社会活动的各个方面加以治理，目前环保体制的结构还不够完善。

资源型城市可持续发展核心竞争力的形成和发展强烈地依赖于某种天赋资源和人类某种特殊的需要。因此，从资源开发利用角度结合资源型城市特点看，资源城市核心竞争力是指城市独具的，支撑城市可持续竞争优势的核心能力，是城市在发展过程中的积累性知识、技术，特别是各种资本、知识、技术的组织，协调与集成能力，既包括资源（劳动力及人力资源、土地及自然资源、资金资源、信息资源、技术资源等）的获取及向资本的转换能力，又包括技术及创新能力、制度及创新能力、城市文化及创新能力。城市可持续发展不仅要实现个别资源向资本转变，更重要的是，要处理好各种资本的互补与配合关系，集成各种资本的力量。资源型城市可持续发展的核心竞争力是一种由多种力集成的合力，是一种综合力。

第二节　资源型城市可持续发展的优化路径

资源型城市可持续发展的优化路径主要有四条：理念创新、政府主导、文化品牌、公众参与四个维度。

一　理念创新

理念决定高度，高度决定战略，战略关乎全局、长远、成败，把创新作为第一动力，理念创新具有调节阀的作用：改变需求的数量与结构、投资方向、资源开发战略和利用模式、技术更新等来改变各驱动力的作用方向和力度，朝着有利于可持续的方向发展，通过体制与政策创新促使形成有利于促进资源型城市健康、持续发展的合力。实践证明：改革开放以来，国家经济体制的改变、行政区划的调整、资源开发利用战略的转变，以及社会保障制度、环境制度、产业政策、金融政策、价格体制等宏观政策的改变，虽然使绝大多数资源型城市陷入了发展困境、面临着巨大挑战，但是制度的转变与创新也促进了资源型城市的转型和资源开发战略的改变，为城市发展注入了新的活力，带来了新的发展机遇，许多城市在历经阵痛之后逐渐开始复苏、繁荣。举全市之力办好“一赛一节”（中国焦作国际太极拳交流大赛暨云台山旅游节）和推进“四城联创”（创建全国文明城市提名城市、国家卫生城市、国家全域旅游示范市、国家水生态文明城市）攻坚战正式打响。从战略和全局的高度，深刻认识到“一赛一节”和“四城联创”是加快转型发展、增强发展后劲的有力抓手，是补齐城市短板、提升焦作形象的有效途径，是增进民生福祉、促进社会和谐的有效载体，要真正抓紧抓实抓好。例如，在创建国家全域旅游示范市时，要城乡统筹、产业融合、惠民富民，实现大旅游、大景区的概念，实现主客共享，区域之间既要竞争又要合作，公共服务设施人性化，社区景区化，景区社区化，除了打造核心的精品项目，还要尽可能扩大地域分布，包括交通多样化、服务智能化，树立一个品牌，就是“山水最美在焦作”，大品牌是品质生活之城，宜居之城，好的梧桐树自会招来凤凰，带来强大的人口流、资本流、信息流、技术流。

二　政府主导

按照政府对资源型城市发展问题中发挥作用的不同，有政府主导型、自由型两种模式。以德国、法国为代表的欧盟国家对资源型城市发展主要采取政府领导产业转型的方式。德国的鲁尔区政府对鲁尔区进行重新整体规划，扩建交通运输网络，改善核心区域，扶持第三产业；对煤炭、钢铁工业进行全方位集约化改造，对分散煤炭、钢铁公司进行整合，淘汰产能较低的煤矿及钢铁企业；出台政策优化投资环境，重视中小企业发展，引进新企业、新产业，发展石化工业，美化环境，改善城市服务系统。此外，加强科研与实践结合，建设欧洲高等院校区，提升高等教育水平。法国洛林地区积极进行产业结构和产品结构调整。大力发展计算机、激光、电子、生物制药、核电、汽车制造等新技术产业。美国由于信奉自由市场的信条，政府对资源型城市转型及发展干预不多，主要通过市场力量及资源企业自身发展转型，比较成功地发展成为综合性城市代表有匹兹堡。其经验主要得益于本地区高等教育院校卡内基·梅隆大学，培养了大批计算机软件行业及服务业专业人才，信息时代的来临，新兴产业极大地推动城市经济发展，最终实现匹兹堡的顺利转型。美国洛杉矶大力发展替代产业，形成规模庞大的飞机、汽车制造以及农业、畜牧业、食品工业、电影业和旅游业等产业一体化中心，实现经济社会的持续繁荣。

借鉴国外资源型城市转型案例的经验，政府主导型模式较适合我国国情。政府在这一过程中应发挥重要作用，需要整合城市资源、协调社会各方利益、制定系列相关的公共政策。坚持以人为本可持续发展的理念，加强城市基础、自然及人文环境的建设，形成有效的开发补偿机制，以科技创新与人力资源开发促进产业素质的提高和经济能级提升，促使经济、社会、资源、人口等多方面的协调发展。政府对资源型城市可持续发展管理可分三个方面：首先是行政区划调整，扩大经济腹地，对城市发展职能再定位；其次是产业结构转型，通过提升城市经济能级进而提高城市综合竞争力；最后是保护性开采减少资源浪费或找到替代的资源如旅游资源和人力资源。

三 文化品牌

挖掘文化资源，彰显城市特色。古为今用，文为商用，丰富的山水文化、名人文化、养生文化资源优势转化为文化产业品牌，融入规划建设各个环节，体现焦作地域特征和特色文化，塑造城市精神气质和时代风貌，文旅结合，文化内涵提升旅游产品的文化品质和内涵，创新“文化＋旅游”发展模式，大力发展全域旅游，培育文化康养新业态，实现历史文脉与文化创新的有机结合。结合城市提升改造、县城提质工程和美丽乡村建设，加强历史文化名镇名村、历史文化街区和城市特色风貌塑造，推动文物保护利用与文化旅游业互促共进，积极推进文化供给侧结构性改革。作为一种软实力，文化旅游产业的快速发展可以有力地助推焦作经济社会发展。

太极拳是河南的优势，也是焦作的优势，这个品牌是不可多得的优势资源。焦作是太极拳发源地，要把温县陈家沟建设成为中国太极拳文化中心，建设太极拳文化展示基地、教育基地、休闲度假基地、产品集散基地和研究传播基地，构成一个完整的文化产业，辐射全国乃至全世界。云台山要打造世界顶级旅游品牌，对以云台山为首的南太行风景区进行资源整合，建立功能完善、要素齐全的文化旅游产业集聚区，组建大型旅游集团，发挥示范带动作用，有效带动全省旅游业的发展，提高旅游业综合效益，让云台山真正成为国际山水品牌。

“黎明脚步”作为媒体和网络上的一个热词，已成为焦作市一个新的品牌。目前，焦作市市区东北部牛庄以北，自然山体面积5000亩的公园用地，已被命名为“黎明脚步公园”。把“黎明脚步”作为中原经济区河南的一张名片，使之成为河南省继太极拳、少林武术之后又一响当当的全民健身品牌和焦作又一文化产业品牌。

四　公众参与

公众，除了个体的市民，还包括有组织的团体，如利益团体、环境保护者团体、居民团体以及一些咨询委员会等，和没有组织的但是在某一特定问题上享有共同利益的公众群体。他们与决策过程或结果有直接或间接利害关系。

致力于环境保护和低碳经济的重要民间力量，在提高公民环境保护和低碳生活意识，维护公众环境权益，参与公共决策方面发挥着积极作用。通过重要民间力量的引导和监督，着力构建“政府主导，多方联动；典型示范，全民行动”的城市可持续发展建设公众参与机制。比如在城市建设项目方案设计阶段，需要吸收各领域的专家们的意见和技术指导；在拆迁征地阶段，需要公布征地范围、拆迁补偿等方案，和征求大量居民尤其是利益相关者们的意见。公众参与平台能够促进参与方式理性化，更为集中和有效率，传统的参与方式居民通过向政府部门反映、拉横幅抗议更多的是表达心中的不满，很难改变政府的决策。即使是通过“静站”方式迫使工程停工，从而让政府调整方案，这在一定程度上只是改变了政府的策略，使政府被迫应对，但并未形成政府与公众双赢的局面。再如政府为了改善居民居住环境，治理河涌污染问题，还原其排水泄洪功能的初衷是好的，但由于在决策的过程中缺乏对公众参与权利的重视，明显低估了公众的可接受性，使得政府处于被动的局面。公众咨询监督委员会一方面缓解了政府与公众之间的矛盾，为政府与公众之间的对话提供了平台，相对平等的对话方式正是构建回应型、开放型政府所必需的要件；另一方面，也为其他民生工程项目中引入公众参与，形成科学决策提供了经验。在公众层面，相关利害关系人通过各种方式，自发地、激进地表达自己的意愿，迫使政府进行回应，到最后通过向公众咨询监督委员会反映诉求，通过他们来传达意愿；在政府层面，也取得了一定的进步，政府不是像以前一样自主决定，或回避公众的问题，而是积极地创造与公众对话的机会，进行积极地回应。真正的公众参与是否发挥其效力，在于公众意见究竟在何种程度上能够影响甚至制约政府公共决策的走向。公众参与理论是当下的流行趋势，公众参与城市治理发展在实践中还有很大空间。

第十二章　创新全域旅游示范市供给侧改革

我们在学习深杭，促进创新和转型发展的活动中需要认真思考“为什么学、学什么、怎么做”三个问题，以实际行动为焦作发展贡献力量。

第一节　学习深圳杭州创新原因

深圳：改革开放、创新创业等方面得风气之先的创新之都；杭州：互联网经济、美丽乡村和特色小镇建设等方面开风气之先的智慧之城。这两座城市在转型升级方面都走在全国前列，他们的点睛之处就在于创新驱动，这正是我们学习的关键。作为资源型城市焦作的转型发展亟须创新的不断深化来加快转型。学深杭，是为了解放思想，让创新成为翅膀助力焦作转型发展、承接产业结构转移、深化合作取得更多实质性成果，是加快建设“四个焦作”、早日跻身全省“第一方阵”的重大举措，对推动焦作市经济社会持续健康发展具有重要意义。

第二节　学习深圳杭州创新模式

学深杭、促创新，关键是解决好“学什么”的问题，以外地经验为我们所用加快转型，要学精神、学思想、学思维、学机制，借鉴两市在创新驱动、转型升级、资本运作、全域旅游、特色小镇、优化环境等方面的经验做法，切实把握精髓、抓住关键、探索规律，做到真学真懂真用。

一　学习把创新作为第一动力的发展理念，敢为天下先的改革魄力

近年来深圳突出创新、创业、创投、创客的四创联动，在全国率先建立起以企业为主导、市场为导向、政产学研资相结合的创新综合生态体系，成为创新型企业、科技创新成果和人才高度集聚的创新之都。杭州始终秉承创新驱动发展理念，加大科技创新投入，深耕智慧经济、信息经济，在全国创新实施首家5A级景区西湖免费，极大提升了城市竞争力。

深圳勇闯雷区、锐意进取在全国首家开展跨境人民币贷款业务，首创土地改革前海模式、首创法定机构区域治理模式、首家开通深港互通行等35项全国首创。杭州勇立潮头，阿里巴巴集团的建立及颠覆银行传统理念的支付宝奠定了国内电子商务巨头的地位。

二　学习两条腿走路的转型经验，做活金融市场的关键一招

深圳、杭州两市坚持调存量、优增量两条腿走路，实施增量优

质、存量优化的双优工程协同推进产业、区域双转型的具体做法，一方面，以科技创新推动传统制造业做大做强，实现规模、质量持续提升；另一方面，大力发展战略性新兴产业，促进新技术、新业态、新模式等融合创新发展，有力促进了各类产业以及出口加工区、保税区等区域全面转型升级。

实体经济中，科技创新是筋骨，金融是血脉，血脉充足，筋骨强壮，精神健旺，深圳经济得以快速发展的关键就在于高度重视金融市场的培育和金融领域的改革创新。构建多层次资本市场体系，把金融业作为一个战略支撑产业来打造，最大限度发挥好资本在推动科技创新和产业发展方面的乘数效应。

三　学习做到极致的工匠精神，实干至上的精神状态

极致成就竞争力，高度重视核心产品的研发，把核心产品做到极致，提升竞争力，实现可持续快速发展，创造出新的辉煌。研祥公司提出只有做最好的产品才能让中国制造在任何时候都能一锤定音，只有做最好的产品才能让中国制造得到全世界的尊敬。企业立志百年品牌、百年老店可以凝聚起的不可复制的核心竞争力，创造出新的辉煌。

深圳离不开改革开放的政策红利，但更为重要的是勇于拼搏、实干苦干的拓荒牛精神。杭州举办 G20 峰会，随着峰会红利的持续释放，未来将给杭州带来至少 500 亿的经济增量。

四　学习以创业者为中心的服务宗旨，功成不必在我的为政境界

创业是创新的载体，把创业者视为宝贵财富，鼓励创新、宽容失败，不断优化创业环境、提高创业服务水平，最大限度地激发和

保护创业者的激情。深圳湾创业广场坚持打造国际一流产业园区公共服务体系，助力企业发展成长理念，建立完善的公共技术服务平台、人文社区交流平台、企业管理服务平台和科技金融服务平台，聚集了联想之星、腾讯众创空间、京东智能等45家国内外一流专业孵化及创业服务机构。杭州高新区有18家孵化器和38家众创空间，其中国家级分别为6家和9家，其中云栖小镇采用政府主导、名企引领、创业者为主体的模式，构建起创新牧场、产业黑土、科技蓝天的创新创业生态圈。

深圳、杭州两市发展思路都很超前、发展规划都很长远、工作标准都很高，一张蓝图绘到底的战略定力和功成不必在我为政境界，通过几届领导的接力拼搏，最终实现开拓、创新、团结、奉献的特区精神和打造美丽乡村建设的杭州样本。

第三节 焦作创新全域旅游示范市供给侧改革

创新是当今世界经济发展与企业发展的主要驱动力，是全方位的，包括技术创新、商业模式创新、发展战略创新、组织方式创新、协同创新。焦作是河南米字型高铁网的重要节点城市，一个国家级高新区，八个省级产业示范区，现在产值2082亿元。焦作通过学习深圳、杭州的城市发展经验，可以做出以下行动：

一 培育资本市场环境，建立完善配套服务体系

政府在直接融资时代到来时，既要顺势而为，又要有所作为。发挥市场的决定性作用的同时发挥好政府的引导作用。优化金融政

策环境，避免因逃废债务等带来的隐患，建设资本市场环境，一定要打造成信用政府和环境，设立引导基金、财政贷款贴息、风险补偿等机制。建立起资本市场工作体系规章制度，相关工作及责任分解到对口部门，并纳入到考核体系中。把金融业作为一个战略新兴产业去打造，把支持实体经济作为首要任务，把资本市场建设作为突出重点，把防范化解风险作为基本底线。要在人才引进上谋创新求突破，建好人才队伍，创优服务环境，强化工作保障。要在完善服务体系上谋创新、求突破，大力推行“互联网＋政务服务”，让居民和企业少跑腿、好办事、不添堵。

发挥信贷间接融资功能，争取增加信贷总规模，在每年规模划分上积极争取，协调政策性银行、商业银行的信贷倾斜，利用清晰的发展方向和优秀的产业规划，匹配政策性银行的融资要求。直接融资比重也亟须提高，发展重点后备企业，尽快在发债、上市上形成突破，发挥示范效应。根据实际情况举办行业发展研讨会，特色产业及知名企业尽快融入更广阔的金融和产业网络，加强媒体的大力宣传，形成持续关注。建立企业数据库，形成上市、辅导、培育梯队企业互帮互助。

二　建设美丽乡村，发展全域旅游

美丽乡村建设是着眼于现实的，从而促进农村经济文化生态建设全面可持续发展，促进城乡资源要素的积聚与统一的配置，促使县域经济竞争能够有实力有水平，能够在科学发展、城乡一体、共同富裕、共同繁荣上经得起考验。“我国农业农村发展已进入新的历阶段，农业的主要矛盾由总量不足转变为结构性矛盾，矛盾的主要方面在供给侧，必须深入推进农业供给侧结构性改革，加快培育农业农村发展新动能，开创农业现代化建设新局面。”习近平同志

2017 年 3 月 8 日参加两会四川代表团审议时的这一重要论述，为深入推进农业供给侧结构性改革指明了方向。

建设美丽乡村按照以人为本的理念和人与自然和谐相处的要求，把建设生态文明与建设新农村有机结合起来，把推动资源要素向农村配置与促进农村人口向城镇集聚有机统一起来，将农村打造成为村村秀美、家家富裕、户户文明、处处和谐、人人幸福的宜居宜业宜游的美好家园，让全体农民充分共享现代文明，过上更加美好的幸福生活。

建设美丽乡村，要注意保护社区传统的历史风貌、人文环境等特色古村落，并将具有特色传统村落的风格、传统的古典元素融入美丽乡村的建设，总结出四种成功的模式。

1. 开发旅游模式

此模式是以当地旅游景点为中心，利用自身的人文景观和自然景观，依托旅游服务业，着力发展其生态旅游，建立起农村社区。充分发挥特色旅游优势，推进当地各项旅游项目的发展，完善相关的旅游配套设施，充分刺激当地餐饮业、娱乐业、商业、和房地产业等的发展，有序的引导农村劳动力向第三产业转移。该模式集中在适合发展乡村旅游的地区，主要特点是含有丰富的旅游资源，交通便捷，餐饮、娱乐、休闲、住宿等设施完备，集中在近郊地区，距离城市较近，非常适合市民的休闲度假，具有巨大的旅游发展潜力。

2. 生态乡村模式

将农村作为一个集农业、人类和自然生态系统相结合的系统来考虑的，在生态文明的前提下实现生产、生活和生态的协调一致，具有丰富的内涵和较高的层次性。生态乡村的建设离不开基础设施的配套扶持。相对偏远的农村产业基础仍是常规农业或特色农业。

生态保护型美丽乡村模式，主要集中在环境污染少、生态优美的地区，它们的共同特点是自然条件十分优越，具有丰富的水资源、森林资源，拥有传统的田园风光和乡村特色，具有将生态环境的明显优势转变为经济发展的巨大潜力，生态旅游的发展趋势巨大。

3. 文化传承型模式

文化传承型美丽乡村模式，主要特点是具有特殊的人文景观，例如古建筑、古村落、古民居或传统文化地区，其含有丰富的乡村文化资源，具有独特的民俗文化和非物质文化，这些文化的呈现和传承潜力巨大。在美丽乡村建设的过程中，注重对传统村落的保护力度，大力留存现有农村特色的文化符号，绝不破坏传统村落，不让这些文化遗产消失殆尽。

4. 城郊集约型模式

城郊集约型美丽乡村模式，主要特点是经济发展较好，交通便捷，基础设施、公共设施建设比较完善，让工业、企业进入工业园区集中建设，来带动社区周边的经济发展，以发展乡村工业为向导。距离城市较近的乡村，为城市提供基础服务，受城市发展辐射，一定有深厚的城市发展元素。随着城市发展建设速度加快，一些企业、工业迁到郊区，可以解决农业就业问题，增加农民的收入，从而实现以工促农、以城带乡。

美丽乡村建设是一个长期而任重的道路，美丽乡村发展建设受各区域经济及社会发展水平的影响和制约，不同社区发展模式的适用范围也不尽相同，各地区需要根据当地经济社会发展水平，来选择不同的发展建设模式。每个模式都只是某一个阶段的方案和目标，是发展变化的。随着我国社会经济发展水平的不断提高，还会向更高的层次发展。

在世界经济复苏乏力的今天，旅游业发展逆势而上。在这样的大趋势下，各国纷纷制定旅游发展战略，以增强本国综合竞争力。基于上述背景，全域旅游理念正在全中国范围引发认同，随着首批国家全域旅游示范区创建单位名单的公布，焦作市全域旅游建设展开也需深入研究与思考，如何构建智慧旅游体系，实现旅游产业融合发展。

全域旅游是指在一定区域内，以旅游业为优势产业，通过对区域内经济社会资源尤其是旅游资源、相关产业、生态环境、公共服务、体制机制、政策法规、文明素质等进行全方位、系统化的优化提升，实现区域资源有机整合、产业融合发展、社会共建共享，以旅游业带动和促进经济社会协调发展的一种新的区域协调发展理念和模式。现在，旅游业已经发展到了全民旅游为主流的全新阶段，旅游在经济社会发展中的影响和发挥的作用更加广泛，发展全域旅游模式，是对旅游发展战略的再一次科学定位。

美丽乡村与全域旅游，一个是新农村建设的终极目标，一个是旅游业发展的新趋势，早已走上了互促的耦合发展模式。全域旅游的全域可以是乡域、县域或市域以上更大的旅游目的地，全域的实现应该是从小到大，因此，在全域旅游发展之初，乡村旅游目的地是全域旅游最佳选择，通过全局性合理规划乡村旅游的全域化。旅游的本质就是审美活动带来的愉悦，其审美本质就决定了乡村全域旅游的终极目标是实现美丽乡村建设。乡村发展全域旅游，必能改善其生态环境，挖掘其文化底蕴与民俗风情，提升农民素质，带动乡村经济发展，实现乡村美的全域化，完成了美丽乡村建设。要在特色小镇建设上谋创新求突破，按照“三生融合”的发展理念，确保今年每个县（市）培育1—2个产、城、人有机融合的特色小镇。要在美丽乡村建设上谋创新求突破，今年力争每个县（市）建3—4个美丽乡村作为典型示范，让农民拥有更多的幸福感和获得感。要在污染防治上谋创新求突破，强化生态立市战略，持续加大大气污染防治、水生态治理、“污染围城”整治力度。要在脱贫攻坚上谋创新求突破，在精准扶贫、推广经验、深化改革等方面下功夫，切实增加群众收入。

三　推动科技创新，促进产业转型

贯彻落实市十一次党代会、市委经济工作会和市两会精神的实际行动就是学深杭、促创新。国内经济发展呈现新常态：中高速增长的新速度、经济结构不断优化升级的新结构、投资驱动转向创新驱动的新动力。对待传统低端的制造业实行逐渐退出，而对于信息网络、人工智能、生物技术、新能源、新材料、新型制造等新兴产业大力提倡发展。

依托科技群团的智力资源优势，深入开展创新驱动助力工程，实施了一批科技攻关项目，建立了一批产学研联合创新平台，促进了科技成果的转化应用，加速了经济社会发展由要素驱动向创新驱动转变的步伐。轮胎产业是焦作的支柱产业之一，技术创新为焦作轮胎产业发展和风神轮胎发展传经送宝、教授良策，助推焦作轮胎产业做大做强、快速发展，提供高水平的科技指导和智力支持。焦作铁路电缆有限责任公司是集电线电缆系列及配套产品的研发、生产、销售与服务为一体的专业化生产厂家，公司拥有国内外先进的生产和检验设备500余台（套），年综合生产能力达10万余公里，主动适应经济发展新常态，抓住机遇、应势而动，通过转型升级和结构调整，采用科学的管理和先进的技术装备，不断增强企业活力，把企业做大、做强，把产品做精、做细。河南平原光电有限公司，石膏型铸造工艺流程，镁合金铸件、波导系列铸件以及航天系列铸件等公司自主研发的高科技产品得到充分肯定。相关部门要针对企业的需求，抓紧研究出台引进人才和技术团队的优惠政策，真正引进一批能够突破关键技术、发展高新产业、带动新兴学科的高层次人才来焦创业。焦作科瑞森重装股份有限公司是国家级高新技术企业，公司取得褐煤防爆、保温式斗提机、智能纠偏滚筒等20项国家实用新型和外观专利，抢抓发展机遇，以市场为导向，推动科技创新和产品研发，提高产品附加值，增强企业核心竞争力，不断扩大市场占有率。河南中轴股份有限公司生产的商用车发动机凸轮轴和轿车发动机凸轮轴的综合产量达600万件，位列行业第一。优化要素配置，进一步增强服务意识和提高服务能力，强化精准服务，推动重点工业企业和骨干企业提速增效、扩大规模，为加快实现全市经济转型升级提供重要支撑。

学深杭、促创新，以重点工作的创新突破加快转型。要在“一赛一节”上谋创新求突破，坚持文化体育、旅游康养、经贸招商“三线并举”，办出高水平、展示好形象、唱好经贸戏，让焦作走向世界、让世界认识焦作。要在十大工业项目上谋创新求突破，强化集团培育，建强创新平台，完善推进机制，助推工业企业坚定不移走创新发展之路。要在十大基础设施项目上谋创新求突破，高标一流规划，严格落实责任，加快推进步伐，保证工程质量。现代服务业的创新发展靠的是互联网，开展“学深杭、促创新”集中学习活动，要统一思想，迅速行动，进一步找准发展路径、明确努力方向、完善工作措施，更好地推进焦作市创新发展，让深杭经验在焦作开花结果，把学习成果运用到经济社会发展的实践中，转化为加快焦作发展的强大动力，在中原崛起中更加出彩做出新的贡献！

第十三章　焦作创建全域旅游示范市优化路径

党的十九大指出中国特色社会主义的社会主要矛盾已经转化为人民日益增长的美好生活需要和不平衡不充分的发展之间的矛盾，破解“主要矛盾”要贯彻新发展理念，对于焦作创建国家全域旅游示范市而言，以旅游供给侧结构性改革为主线，进一步完善打好“四张牌”的思路举措非常重要。当前，我国居民消费步入快速转型升级的重要阶段，旅游业正迎来黄金发展期。同时，旅游业也处于矛盾凸显期，旅游产品供给跟不上消费升级的需求。持续旺盛的国民旅游市场表明，当前制约旅游业发展的主要因素不是需求不足，而是供给侧结构不合理、不平衡，不能适应需求侧多元化、升级型的市场消费，因此着力推进结构侧改革，促进旅游产业结构转型，提高旅游供给体系的质量，创造令人心动的有效供给和让人心安的产品质量。

旅游供给侧改革怎么改？对于焦作市政府来说，把旅游业供给侧结构改革置于地方国民经济的全局之中，因地制宜、统筹谋划，搞活存量与做优增量并举。焦作全域旅游示范市创建中的供给侧改革需要从景区收入结构和产品服务等方面入手。

第一节 优化景区收入结构

门票经济中的高票价导致恶性循环，长此以往不可持续，需要改变。进入休闲度假时代，景区需要改变收入结构，旅游业是一个完整的产业链条，是由“吃、住、行、游、娱、购”几个要素形成的产业集群，当“景区门票”异军突起，就会发生产业链结构变异，导致其他旅游行业的萎缩。游客群体的“平均可自由支配经费”在一定经济阶段是一个常数，由于“门票”花销过大，必然会扼制游客吃、住、行、娱、购的支出消费。没有消费市场，旅游相关要素及相关延伸产品就不可能全面发展，始终处于发育不良状态。门票经济是一种依赖刚性收入的经营模式，也是一种“天花板经济”，有自身的局限性，从市场经济的角度来说不可持久的。景区运营成本不断增加，资金投入不断加大，但门票不可能一涨再涨。过去景区投入少，所以门票便宜，现在投入加大了，门票跟着涨，这是旅游产业发展中不可逾越的一个阶段，但长远来看对于门票的依赖最终是要改变的。总结省内外成功景区的运营经验，迈向“大旅游经济”，毫无疑问会是焦作全域旅游示范市创建发展的必然选择。

“大旅游”是指商务旅游、节庆旅游、文体旅游、酒店业等多种业态的高度融合。这一概念的提出，必将加速旅游产业化进程，促进旅游资源可持续开发，并能有效地发展当地经济，促进社会、经济、文化的协调发展。以著名的“免费西湖”为例，杭州就提出“免费西湖”的理念，对环湖公园景点开始实行免费开放。景区免费带动了景区商业网点经营价值的提升，通过拍卖、出租或承包景区商业网点经营权等市场化手段，不仅抵补了损失的门票收入，免费开放使景区管理部门增收逾亿元，带动了旅游产业，新增了巨大的经济效益，焦作在开展学深杭、促创新活动中认真学习"免费西湖"经验，多次举办焦作国际太极拳交流大赛暨云台山旅游节（以下简称"一赛一节"）和焦作青天河太行红叶节暨青天河全国摄影大赛，期间免除门票，从而改变门票经济，优化景区收入结构。

第二节　生产好的产品和服务

旅游业的供给侧改革主要围绕产品转型升级和技术创新进行。全面整合旅游资源使得旅游产品转型升级，对城市属性、旅游本质、旅游需求和消费的全新认识是全域旅游的核心竞争力，树立一切生态、社会、文化和经济资源都可以成为旅游资源的理念，实现区域资源的高度整合、产业的深度融合和社会的全面参与。依托百年焦作工业文明遗址和第一条铁路、第一口矿井、第一个发电厂、第一所高校等诸多"第一"资源优势，进行旅游创意规划设计，尽快形成百年焦作工业文明体验游线路；依托南水北调城区段绿化带和山阳城遗址，尽快建成汉文化与水文化融为一体的5A级文化休闲旅游区；依托基础较好的和平街、大杨树街、摩登街、壹里洋场等街区，尽快形成餐饮、购物、娱乐等多业态集聚的旅游休闲娱乐街区，并丰富夜生活，培育夜经济，努力留住游客。旅游业供给侧改革以游客的消费需求为导向，不断优化旅游产品结构，适时增加有效供给。

依托焦作市沿黄河特有的太极拳、"四大怀药"等文化、自然资源，谋划建设集太极养生、食疗养生、医疗康复、温泉疗养、休闲度假等为一体的康养服务机构和度假养生基地，潜心打造黄河养生带；积极创建全国中医药健康旅游示范区、示范基地和示范项目；强力开发中医药特色旅游线路、中医药特色旅游商品以及怀药膳食主题酒店等，培育一批中药科技农业、名贵中药材种植等与旅游相关的养生体验、观赏基地，尽快形成焦作市独特的旅游养生品牌，打造中原养生地，以养生吸引游客。焦作的特色餐饮产品，诸如怀府驴肉、五里源松花蛋、武陟油茶、温县羊肉夹馍、孟州浑浆凉粉、博爱浆面条、中站卤肉以及菊花茶、山药汁、怀药膳等，依托有条件的街区或乡镇，实行标准化管理，形成特色餐饮街区，吸引游客蜂拥而至，并带来规模效益。

从传统观光到深度休闲度假体验，是焦作旅游业供给侧改革的核心理念。焦作市坚持实施全域旅游战略，以国家全域旅游示范市创建为载体，依托“焦作山水、太极圣地”两大世界级旅游品牌，着力打造精品景区，积极开拓旅游市场，全面提升服务质量，全力打造“世界太极城、中原康养地”。云台小镇、太极小镇、保税小镇、红叶小镇、嘉应小镇、音乐小镇、陶瓷小镇、禅修小镇等都具备浓郁的地方特色。通过实施乡村旅游提档升级，大力推进乡村旅游点完善配套，提升品质，丰富乡村旅游的休闲业态，涌现了一大批乡村旅游示范点。博爱县整合青天河与月山寺资源，提出“一日山水一日禅”、建设禅修小镇。注重和强调外来游客和当地居民共享旅游生活空间，在全面满足外来游客对山水和禅修的深度体验，同时满足博爱居民对公共休闲场所的需求。

党的十九大指出实施乡村振兴战略，在全域旅游的驱动下，美丽乡村建设使得乡村风貌变换风格，重新彰显地域特色、民俗特色、文化特色、建筑特色。乡村不仅仅是当地农民的幸福家园，还建成休闲度假乐园。形成处处是美景，处处可休闲的优美景区环境，树立青山绿水就是金山银山的理念。一斗水村、陪嫁庄村、云上院子、陈家沟村、寨卜昌村、桑坡村、九渡村、于庄村、青天河村、十二会村、北朱村、巡返村等，都有各自特色和发展基础具备强烈的旅游吸引力。孟州依托西部岭区生态资源、豫西窑院式民居，推广老家莫沟“一修复三实现”建设模式，建设了源沟、古周城等一批乡村游项目。武陟县开工建设嘉应小镇。修武县利用秀美的自然风光和保存完好的石头民居，在一斗水村及周边村落，开发民宿村落。

技术创新中的“互联网+”通过将互联网技术应用于更多的旅游消费场景，如支付方式、虚拟现实等技术的应用，旅游和其他产业（如医疗、教育、文化、娱乐）的跨界融合，能够将游客的旅游体验得到极大地延展和深化。桑坡村素有“中国毛皮之都”和中原“淘宝第一村”的美誉。共有皮毛厂及制鞋厂一百多家，其中拥有自营进出口权企业55家，年加工羊皮2500万张。并且，桑坡电商小镇还与阿里巴巴集团建立了长期合作关系，发展电商网店400多家，OTO展示销售门店300多家，一线微商从业人数5000多人，2016年度线上销售额达6亿元，桑坡村依托毛皮加工产业优势和得天独厚的自然环境和区域位置，正在着力建设“皮艺小镇”，打造出一个高端的以产、购、游、吃、娱、乐为一体的现代化特色小镇。利用“互联网+技术”的旅游大数据中心和全市旅游指挥调度中心实现流量实时监控、发布，并完成与市旅游指挥调度中心信号对接；建成旅游信息公共服务与咨询、营销、监管平台，并具备线上导览、在线预订、信息推送、在线投诉等功能；所有涉及旅游的场所实现Wi-Fi、通信信号、视频监控全覆盖。

目前，焦作正在修通沿太行山旅游快速通道，把沿山3个5A

级、2 个 4A 级以及青龙峡、峰林峡、净影寺等景区串联起来，修通沿黄河旅游快速通道，把沿河的嘉应观、妙乐寺、陈家沟、小麦博物馆、韩园、莫沟等景区串联起来；依托黄河北堤、南水北调渠和大沙河建设形成旅游绿道；用绿色廊道把 6 个县（市）城、特色小镇、美丽乡村、景区、度假区连接起来形成便捷、舒适、快慢自如的旅游通道。新时代已经来临，相信焦作创建国家全域旅游市的成果一定会让市民共享绿色福利，感受美好生活。

第三节 优化政府主导战略

旅游企业是推进旅游业供给侧结构性改革的中坚力量，旅游领域供给侧结构性改革的重心是降低旅游企业制度性交易成本，其中包括旅游企业的交易成本、税费、融资成本、社会责任成本等，但是由于旅游业长期以来实行政府主导型战略，其种种管制无形中加大了旅游企业的经营成本，如旅游规划的制定、智慧景区的建设、节庆活动的组织、等级标准的评定等。增强旅游企业创新能力、提高供给质量与效率、提高全要素生产率，就必须坚持以“减少行政干预、市场为主导力量、优化供给结构、提高供给效率”为宗旨，通过降低制度性交易成本提升旅游企业的创新能力。

焦作市创建国家全域旅游示范市，是经济社会发展到一定阶段的必然要求，是贯彻落实五大发展理念的现实需要，是昔日煤城凤凰涅槃般的二次创业、建设国际文化旅游名城的必由之路，政府引领城市全域旅游发展要突出特色，发挥优势，要做美山水资源，打造南太行国际山水特色旅游目的地。要做厚文化内涵，打造独具特色的太极地域名片。要做长产业链条，加快形成多元化的产业体系。高起点、高标准、高质量编制《焦作市全域旅游发展规划》，同步编制县（市）区旅游发展规划和旅游综合环境整治等专项规划，注重规划融合，严格规划执行。政府指导实施旅游产品开发提升工程，突出“山水焦作”品牌，以云台山世界地质公园为核心，构建山水观光休闲度假国际旅游目的地。突出“太极圣地”品牌，以太极拳文化为引领，构建文化体验国际旅游目的地。积极发展农业观光游，大力开发工业特色游，着力培育地质科普游。具体实施都是在政府引领下旅游企业自身按照市场需求进行创新和发展。比如焦作孟州市莫沟大力弘扬优秀传统文化，用社会主义核心价值观占领农村思想阵地，村民聚集在一起学习传统文化、村规民约，村风民风发生显著变化。孟州市西虢镇莫沟村，全村 720 人，1200 亩耕地，人均年收入 6300 元左右，是一个传统农业种植村。莫沟坐落在孟州市产业集聚区内，被列为整体拆迁重建，然而政府经过群众现场调研后并没有对莫沟村进行整体搬迁，而是采用了就地改造的方案以“一修复三实现”（修复生态村落，实现公共服务向农村延伸、共同富裕、优秀传统文化回归）思路建设“老家莫沟”，探索产业集聚区内生态失衡村庄就地改造新模式，然后在全市复制、推广。根据莫沟原有的自然空间，按照因地制宜、回归自然原则，分上中下三层进行规划建设。上层空间修复以现有民居为主，开设茶馆、酒吧、咖啡厅等。中层空间主要修复遗存的 183 孔元末明清窑洞，发展民宿旅游。下层空间则重点改造村边的汶水河水系，打造近 1000 亩汶水湖水面，形成岭湖相依、树水相伴的乡野风情。莫沟村成立了生态农业发展有限公司，破解资金瓶颈，村民以现金或房屋、树木等入股，发展休闲旅游业，群众按股分红。敬老院、卫生所等公共设施由市财政投资建设，集体经营设施等由生态农业发展有限公司等投资，即村民自办项目自己投资，这更激活了村庄的内生动力。生活现代化了，但是传统并没有丢，村里开展的“和睦家园”行动，让大家找到了心中的根。在“和睦家园”大讲堂，知名专家讲课，村民们现身说法，通过学习中国传统道德文化精髓，将忠、悌、孝、信、礼、义、廉、耻“传统八德”牢记在心，让文化血脉得以传承，精神家园得以坚守，老家的样子没有丢。目前，莫沟的许多村民通过经营宾馆、农家乐、茶馆等走上了致富路。在莫沟人的努力下，村子变得越来越美，莫沟人的日子越过越滋润。留住乡俗乡愁，这是留给村民们最好的礼物。焦作市政府发挥引导作用推进全域旅游创建进机关、进企业、进社区、进农村、进学校，努力达到家喻户晓、人人皆知。提升市民全域旅游服务者、参与者和受益者的主人翁精神和责任意识，加强文明旅游宣传教育，大力开展旅游志愿服务，打造全民共建共享的全域旅游发展格局，汇聚发展合力。新时代既要发挥政府的服务意识又发挥政府的主导作用，深刻把握旅游业发展新趋势，紧紧抓住全域旅游战略实施的重大机遇，总结成绩、坚定信心，巩固优势、乘势而上，把旅游产业作为经济社会发展的重要战略性产业来培育，推动全域旅游大发展，创造焦作旅游的新辉煌。

第十四章　焦作市未来城市品牌展望

太极拳，国家级非物质文化遗产，是以中国传统儒、道哲学中的太极、阴阳辩证理念为核心思想，集颐养性情、强身健体、技击对抗等多种功能为一体，结合易学的阴阳五行之变化，中医经络学，古代的导引术和吐纳术形成的一种内外兼修、柔和、缓慢、轻灵、刚柔相济的汉族传统拳术。太极拳成为东方文化的一种符号象征，成为促进东方文化与西方文化交流的重要桥梁和纽带。太极拳的创编，也是继“四大发明”之后汉民族伟大创造力的又一次展示。继承和保护太极拳，对于弘扬中国传统文化、提高人类生活质量、弘扬民族传统美德、增强社会凝聚力、构建和谐社会等都具有十分重要的意义。焦作市作为太极拳的发源地，理应将太极拳更好地发扬。

第一节　太极文化是中华文化的瑰宝

太极讲究“天人合一”“阴阳学说”，奉行“身心合一”“内外兼修”的原则，是将思想观念、行为规范、价值取向为一体的文化形态，继承并体现中华传统哲学的和谐价值观，充满唯物主义的哲学思想。太极文化中包含太极拳、太极剑、太极扇等太极拳相关技术及理论，太极拳是太极文化的精华所在，被誉为当代世界的第一健身运动，受到世界人民的欢迎。太极拳既是中国传统文化武术中闪亮的明珠，又是凝聚中国文化于一身的参天大树，它的根深深扎在中国哲学、养生学、健身学、医学、美学等传统学科里，在儒家是太和拳、在道家是无为拳、在佛家是如是拳、在医家是治病拳，在武家是十三总势拳。太极文化的价值内涵就是表达人类生存的意义，提升人的精神境界，为处在高节奏、高竞争的人们创造轻松、愉悦、自由的环境。

今天的太极拳是经过若干代练习者不断吸取各家武术之长来以最终形成了博采众长的系统拳法，由无极至太极，由无相而生有相，由静而生动，由单一而成系统。太极拳的拳理来源于《易经》《黄帝内经》《黄庭经》《纪效新书》等中国传统哲学、医术、武术等经典著作，并在长期的发展过程中又吸收了道家、儒家、释家等各家文化的合理内容，形成中华民族辩证的理论思维与武术、医术、艺术、气功引导术等的完美结合，这些是其他武术拳种所无法相比的，因此，太极拳与我国的书法、国画、京剧一样，被称为“国粹”。其在武术界独尊的地位是无法撼动的。

第二节　市场经济下对太极文化的升级太极产业

太极产业则是以紧紧依托太极文化的深刻内涵，充分利用市场经济的隐形力量，发掘、整理、完善、巩固太极文化的有形部分，通过种类繁多的产业衍生品扩大太极文化的知名度、提升太极文化的理论品位、完善太极文化的形象艺术、推高太极文化的国际地位、巩固太极文化的国粹魅力。如果从大处讲：音乐、美术、图书、服装、食品、影视无不可以形成太极产业；从小处讲：太极剑、太极扇、太极服、太极帽、太极鞋、太极茶道、太极酒，太极医药、太极杂志等无不可以对太极拳进行再宣传，最终形成一个完整的太极产业链。

现代社会中，文化事业与文化产业相互渗透，相互配合，相互促进，以其特有的方式构成了文化的驱动链与文化的有机体。

一是相互渗透，在文化建设与发展的具体实践中，文化事业与文化产业关系密切，二者常常相互包含、相互渗透，重复的地方非常多，许多文化行业都兼具公益性与经营性的特点。一方面，文化事业中包含有文化产业的成分，认为文化事业不能营利或无法营利的观点是错误的，虽然它不以营利为目的。另一方面，文化产业中也渗透着文化事业的因素，大多数文化商业活动都包含一定的公共文化成分。

二是相互转化，随着社会的发展，有些文化资源和产品开始具有了市场意义，而科技革命则极大地促进了文化产品的传播。于是，部分文化事业逐渐转化成了文化产业。市场经济条件下的文化产业是在原有文化事业的基础上发展起来的。文化事业是文化产业的前提和源泉，文化产业是文化事业的进一步延伸。随着社会的进步，人民的文化需求和文化消费水平不断提高。因此文化事业与文化产业在一定条件下可以相互转化。

三是相辅相成，文化事业与文化产业是相互依赖、相辅相成的，共同促进社会进步和人的发展。文化事业是我国文化建设的主导，对文化产业具有导向作用。其次，文化产业是我国文化建设的重心，为文化事业发展提供物质基础和动力牵引。文化事业与文化产业之间的互依、互渗、互化、互促关系，演绎着我国新时期文化发展的现代图景。文化事业与文化产业的共同作用，使文化既构成社会进步的精神保障，又构成社会进步的重要内容。

四是相互促进，文化事业与文化产业相互促进，协调发展是文化建设的理想状态。文化事业对文化产业有引导作用，对文化事业的投入也是对文化产业的间接性投掷，文化产业的发展又会促进文化事业的发展，文化产业的发展，也会使文化事业的投入得到回报。在建设过程中，应当把文化事业与文化产业放在同等地位，坚持文化事业与文化产业同步抓，使得两者齐头并进，共同发展。

第三节 太极产业是促进太极文化全面提升的有效途径

太极拳十分注重四两拨千斤，发展太极拳文化产业，也要力求做到“四两拨千斤”，如何才能做到四两拨千斤，利用力学上的杠杆原理，最重要的是找对支点，支点不对，费再大的力，也会事倍功半。

焦作的太极产业要向焦作旅游产业学习，焦作旅游产业在形成“焦作现象”的过程中，各级政府发挥了很好的主导作用，开始的投资主体为各级财政，后来又逐渐演变为焦作市各个景区管理局，发展方向为焦作市旅游产业集团公司。而焦作的太极文化产业，却找不到一个明晰的产业主体：是市政府还是县政府？是市县文化局还是市县体育局？是市县教育局还是市县旅游局？都是又都不是，谁都管又谁都不管，遇到问题谁也不愿意主动去解决，难以形成共同发展的产业合力。因此，在近几年内，虽然政府下了相当大的力度及资金去宣扬太极拳文化，但难以吸引投资商来源源不断地为其投资，没有源源不断的支持太极文化的提升很难发展下去。

焦作作为一个内陆地极市，不具有沿海地市的优势，发展太极产业，就必须依靠自身力量，借助市场能量，发挥群众热量，促成企业动量。

太极产业的发展必须紧紧依靠政府的号召力和组织力；没有政府的亲力亲为，太极产业的发展是很难步入快车道的。发展太极产业需要政府的正确决策、顶层设计、规划步骤、搭建平台、研究解决问题；需要政府大处着眼、小处着手、统筹安排、沟通上下渠道、协调左右关系、理顺方向思路、把握节奏秩序。政府的号召力会使太极产业迅速成为正规化、规模化、现代化甚至智能化的一个引领行业；政府的组织力更可以使太极产业迅速地向高层次、宽领域、网络化、国际方位发展，这是任何其他组织都无法替代的作用。

太极产业的发展必须紧紧依靠市场的凝聚力和向心力；市场本身有其自身的经济规律，任何事物一旦形成规模，就会爆发出巨大的凝聚力和向心力。趋利性使人们更看好那些能切实带来价值的事物。音乐、美术、图书、服装、食品、影视都可以为太极产业增辉添彩；太极剑、太极扇、太极服、太极帽、太极鞋、太极茶道、太极酒，太极医药、太极杂志等都可以成为太极产业在市场中的重要元素。

太极产业的发展必须积极调动群众的积极参与和热情支持；随着中国人口老龄化趋势的日益加剧，中老年人体育已经成为当今社会的一个热点。同时，随着国家经济的发展和全民健身战略的实施，体育消费正成为中老年人生活消费中不可缺少的一部分。太极拳活动作为现代社会中老年健身的主要形式之一，中老年人的太极活动已经成为中国一道独特的现象，一道亮丽风景线，它必将引导和带动一个大的消费市场。

太极产业的发展必须积极调动企业的投资动量，2009 年 9 月，温县与唐山聚鑫公司签署了总投资 11.5 亿元、占地 3300 多亩的“太极文化国际交流中心”项目建设协议。该项目主要包括中华太极拳国际交流中心、太极学院、北京阜外医院河南分院、太极养生基地和五星级酒店等子项目。2010 年，该项目被省政府列入“重点项目”和“双千工程”。焦作市太极体育文化中心的建成，正越来越多地发挥着它的作用，举行了一系列的太极拳文化活动，如焦作国际太极拳交流大赛等，确实是有了投资者的加盟，对太极拳文化发展起了巨大的促进作用，为其更好地推广出去增添力量。大部分的投资商都是投资效益的最大化来确定投资方向的，比如郑州的一个舞台剧《风中少林》能够成功筹资引资 3000 多万元，实景演出节目《禅宗少林》能够成功引资上亿元，这里的关键是如何发挥我们各级各部门的职能作用，调动一切积极力量，创新创优发展环境、简化减少办事程序，鼓动鼓励外方投资，激发企业投资太极产业的能量，我们的太极文化产业才能做大做强，并得到较快较好的发展。

参考文献

杨仪青：《新型城镇化发展的国外经验和模式及中国的路径选择》，《农业现代化究》2013 年第 34 期。

文军：《回到“人”的城市化：城市化的战略转型与意义重建》，《探索与争鸣》2013 年第 1 期。

李强：《城镇化核心是农民市民化》，《环境与生活》2013 年第 4 期。

张占斌：《新型城镇化的战略意义和改革难题》，《国家行政学院学报》2013 年第 1 期。

王小刚、王建平：《走新型城镇化道路——我党社会主义建设理论的重大创新和发展》，《社会科学研究》2011 年第 5 期。

张康之：《公共行政中的哲学与伦理》，中国人民大学出版社 2004 年出版。

辜胜阻、刘江日：《城镇化要从“要素驱动”走向“创新驱动”》，《人口研究》2012 年第 6 期。

高峰：《我国产业结构变迁对城镇化的影响研究》，硕士学位论文，重庆工商大学，2014 年。

贺建风、吴慧：《科技创新和产业结构升级促进新型城镇化发展了吗?》，《当代经济科学》2012 年第 6 期。

Bertinelli L. , Black D. , 2004, Urbanization and Growth, *Journalof*

Urban Economics, 56 (1), 80 - 96.

Michaels G., Rauch F., Redding S. J., 2012, Urbanization and Structural Trans fo rmation, Quarterly Journal of Economics, 127 (2), 535 - 586.

黄亚捷:《城镇化水平对产业结构调整影响研究》,《广东社会科学》2015 年第 6 期。

Hofmann A., Wan G., 2013, Determinants of urbanization [R], Asian Development Bank Eco - nomics Working Paper Series 355.

温涛、王汉杰:《产业结构、收入分配与中国的城镇化》,《吉林大学社会科学学报》2015 年第 4 期。

柯善咨、赵曜:《产业结构、城市规模与中国城市生产率》,《经济研究》2014 年第 4 期。

彭莉:《促进产业升级条例析评》,《台湾研究集刊》1991 年第 4 期。

任保平、洪银兴:《中国 21 世纪工业化发展路径的转型》,《人文杂志》2004 年第 1 期。

水淼:《智慧女人必修的心理学》,湖北长江出版 2009 年版。

袁亚忠、贾艳青:《我国旅游业制度创新的动力分析》,《生产力研究》2007 年第 10 期。

胡锦涛:《坚定不移沿着中国特色社会主义道路前进 为全面建成小康社会而奋斗》,人民出版社 2012 版。

郭焕成、韩非:《中国乡村旅游发展综述》,《地理科学进展》2010 年。

厉新建、张凌云、崔莉:《全域旅游:建设世界一流旅游目的地的理念创新——以北京为例》,《人文地理》2013 年第 3 期。

杨桂华、钟林生、明庆忠:《生态旅游》,高等教育出版社 2010

年版。

董巍、刘昕、孙铭等：《生态旅游环境承载力评价与功能分区研究——以金华市为例》，《复旦大学学报》（自然科学版）2004年第43期。

高吉喜：《可持续发展理论探索——生态承载力理论、方法与应用》，中国环境科学出版社2001年版。

J. Mosedale, Tourism commodity chains: market entry and its effects on St Lucia *Current Issues in Tourism*, 2006 (4): 436 - 458.

蔡雄、连漪、程道品：《旅游扶贫的乘数效应与对策研究》，《社会科学家》1997年第3期。

Manisha Pillaya, Christian M. Rogerson. Agriculture - tourism linkages and pro - poor impacts: The accommodation sector of urban coastal Kwa Zulu - Natal, South Africa *Applied Geography*, 2013 (36): 49 - 58.

李玺：《城市商务旅游竞争力：评价体系及方法的创新研究》，《旅游学刊》2010年第25期。

Jin - Long Lu, Srinivas Peeta. Analysis of the Factors that Influence the between Business Air Travel and Vedioconferencing *Transportation Research*, 2009, 43 (8): 709 - 721.

Karin Weber, Adele Ladkin, *The convention industry in Australia and the United Kindom: key Issues and competi - tive forces Journal of Travel Research*, 2003 (11): 43 - 46.

施卫东：《知识经济对旅游产业发展的影响》，《东南大学学报》（哲学社会版）2001年第2期。

姚作为：《中国旅游产业竞争力的现状分析》，《南方经济》2001年第5期。

Cribbie R, Evaluating the Importance of Individual Parameters in Structural Equation Modeling: the Need for Type I Error Control [J]. *Personality and IndividualDifferences*, 2000, 29 (3): 567 – 577.

Han Jun, Building a new country side: A long – term task in China´s modernization drive *China Economist*, 2007 (6): 93 – 111.

顾益康:《统筹城乡发展，全面推进社会主义新农村建设》，《中国农村经济》2006 年第 1 期。

王卫星:《美丽乡村建设：现状与对策》，《华中师范大学学报》（人文社会科学版）2014 年第 1 期。